ISBN 978-0-265-65887-1
PIBN 11002757

1 MONTH OF
FREE
READING

at
www.ForgottenBooks.com

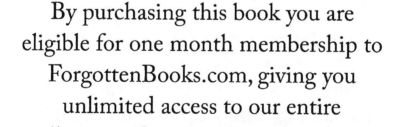

By purchasing this book you are eligible for one month membership to ForgottenBooks.com, giving you unlimited access to our entire collection of over 1,000,000 titles via our web site and mobile apps.

To claim your free month visit:
www.forgottenbooks.com/free1002757

English
Français
Deutsche
Italiano
Español
Português

www.forgottenbooks.com

Mythology Photography **Fiction**
Fishing Christianity **Art** Cooking
Essays Buddhism Freemasonry
Medicine **Biology** Music **Ancient**
Egypt Evolution Carpentry Physics
Dance Geology **Mathematics** Fitness
Shakespeare **Folklore** Yoga Marketing
Confidence Immortality Biographies
Poetry **Psychology** Witchcraft
Electronics Chemistry History **Law**
Accounting **Philosophy** Anthropology
Alchemy Drama Quantum Mechanics
Atheism Sexual Health **Ancient History**
Entrepreneurship Languages Sport
Paleontology Needlework Islam
Metaphysics Investment Archaeology
Parenting Statistics Criminology
Motivational

m und Gehalt in der Aesthetik.

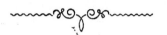

Eine kritische Untersuchung

über

Entstehung und Anwendung dieser Begriffe

von

Dr. Theodor Vogt.

Wien.

Verlag von Carl Gerold's Sohn.

1865.

Verlag von Carl Gerold's Sohn in Wien.

Friedrich Halm's sämmtliche Werke.

8 Bände. 8. geh. Preis 19 fl. 20 kr.

Inhalt:

I. Band. Gedichte (vermehrte und verbesserte Auflage).
II. „ Griseldis. — Der Adept. — Camoens.
III. „ Imelda Lambertazzi. — König Wamba. — Ein mildes Urtheil.
IV. „ Die Pflegetochter. — König und Bauer. — Der Sohn der Wildniß.
V. „ Sampiero. — Eine Königin. — Donna Maria de Molina.
VI. „ Verbot und Befehl. — Der Fechter von Ravenna.
VII. „ Neue Gedichte. — Charfreitag.
VIII. „ Iphigenia in Delphi. — Vor hundert Jahren. — Wildfeuer.

Band VII und VIII, die soeben erschienen, werden apart abgegeben und kosten 4 fl. 80 kr.

Band I—VI wird nicht einzeln verkauft, dagegen erschienen folgende Werke in Separat-Ausgaben:

Der Adept. Trauerspiel in 5 Aufzügen. 2. Auflage. 1 fl. 60 kr. ö. W.

Camoens. Dramatisches Gedicht in einem Aufzuge. 2. Aufl. 50 kr. ö. W.

Der Fechter von Ravenna. Trauerspiel in 5 Akten. 1 fl. 60 kr. ö. W.

Gedichte. 2. vermehrte Auflage. 2 fl. 65 kr. ö. W. Elegant gebunden 3 fl. 65 kr. ö. W.

Griseldis. Dramatisches Gedicht in 5 Akten. 6. Auflage. Miniatur-Ausgabe. Elegant gebunden. 2 fl. ö. W.

Imelda Lambertazzi. Trauerspiel in 5 Aufzügen. 1 fl. 60 kr. ö. W.

König und Bauer. Lustspiel in 3 Aufzügen. 1 fl. 60 kr. ö. W.

Eine Königin. Dramatisches Gedicht. 1 fl. 60 kr. ö. W.

Ein mildes Urtheil. Trauerspiel in 5 Aufzügen. 1 fl. 60 kr. ö. W.

Sampiero. Trauerspiel in 5 Akten. 1 fl. 60 kr. ö. W.

Sohn der Wildniß. Dram. Gedicht in 5 Akt. 4. Aufl. 1 fl. 90 kr. ö. W.

Verbot und Befehl. Lustspiel in 5 Akten. 1 fl. 60 kr. ö. W.

Charfreitag. Min. Ausgabe. Elegant gebunden 2 fl. ö. W.

Iphigenia in Delphi. Min. Ausgabe. Elegant gebunden 2 fl. ö. W.

Wildfeuer. Min. Ausgabe. Elegant gebunden 2 fl. ö. W.

Zur Diätetik der Seele.

Von Ernst Freiherrn von Feuchtersleben.

26. Auflage. Billige Volksausgabe. 16. br. Preis 60 kr. ö. W.
27. Auflage. 16. Eleg. cartonnirt. Preis 1 fl. ö. W.
28. Auflage. Min. Ausg. Eleg. geb. mit Goldschn. 2 fl. 50 kr. ö. W.

Das herzlich gemeinte Buch ist für Alle geschrieben, welche den Kampf des Lebens zu bestehen haben und sich dieser Aufgabe mit Ernst unterziehen wollen. Durch ein vielleicht seltsam scheinendes Gewebe von Ethik und Diätetik hat der Verfasser die Macht des menschlichen Geistes über den Leib zu praktischer Anschauung zu bringen versucht. Dabei hat er es vorgezogen, statt jener systematischen Anordnung, die nur zu häufig hinter dem Schein von Wissenschaftlichkeit Mangel an wahrem Gehalt versteckt, die andeutende aphoristische Darstellung zu wählen; hinter den bescheidenen Winken liegt aber eine tiefe Wahrheit, wie der heitere, oft leichtsinnig gescholtene Mensch hinter fröhlichem Scherz nicht selten innigsten Ernst verbirgt.

Form und Gehalt in der Aesthetik.

Eine kritische Untersuchung

über

Entstehung und Anwendung dieser Begriffe

von

Dr. Theodor Vogt.

Wien.

Druck und Verlag von Carl Gerold's Sohn.

1865.

565

Gr

Vorwort.

———

Die Begriffe Form und Gehalt sind in der neueren Aesthetik häufig als feststehende Anhaltspuncte zur Bestimmung des Schönen angesehen worden. Ihr Inhalt ist aber weder neu, noch daß sie das Wesen des Schönen constituiren evident. Vielmehr ergab sich aus der historischen Betrachtung nicht nur dies, daß ihre Bedeutung bald in größerer, bald in geringerer Reinheit angewandt wurde, sondern auch, daß dieselben in einem tieferen Gegensatze philosophischer Grundanschauung des Monismus und Individualismus, des Idealismus und Realismus begründet seien. Die Entschiedenheit und Consequenz, mit welcher diese Gegensätze in neuerer Zeit durch Hegel und Herbart durchgeführt worden sind, hat auch eine verschiedene Grundanschauung in der Aesthetik zur Folge gehabt. Sie vermitteln heißt sie schwächen, richtiger gesagt: den Irrthum des einen mit der Wahrheit des anderen verbinden wollen. Der Gegensatz, welcher durch Form und Gehalt ausgedrückt wird, ist eigentlich kein strenger, aber durch Identificirung von Gehalt und Inhalt historisch geworden. Indem aber zu jener ersten Bedeutung, in welcher der Gehalt genommen wurde, noch die zweite des Werthes hinzutrat, diente dies wohl den Gehalts=Aesthetikern als Erleichterung, indem für den Gehalt bald in dem Sinne von Inhalt bald in dem von Werth offener Raum gelassen war; den Form=Aesthetiker konnte es nur auffordern, in der Anwendung auf die verschiedenen Künste jene Bedeutungen auseinanderzuhalten und das Gleichgiltige vom Werthvollen überall zu trennen. Der historischen Entwicklung glaubte ich nur so viel vorausschicken zu müssen, als zur Orientirung des Standpunctes, nämlich des philosophischen Realismus, nothwendig schien.

Der Begriff des Schönen wird im weiteren und engeren Sinne gebraucht. Der letztere ist der gewöhnliche, indem er nicht den aus dem absoluten Urtheil des Wohlgefallens und Mißfallens hervorgerufenen Werth überhaupt bezeichnet, son= dern nur auf eine bestimmte Classe solcher Urtheile sich be= zieht. In diesem Sinne habe ich ihn gebraucht, um den spe= cifischen Gegensatz zum Ethischen, d. h. dem auf absoluten Urtheilen über Willensverhältnisse beruhenden Werthvollen aus= zudrücken, wenn es auch nicht immer ausdrücklich bemerkt ist.

Wo ich anderer Ueberzeugung war, habe ich sie mit aller Entschiedenheit an den Tag gelegt, ohne von einem andern Gedanken dabei geleitet zu sein, als der Sache dadurch desto besser zu dienen.

August 1864. Th. V.

I.

Theoretische Auffassung und praktische Werthschätzung haben es, die eine mit einem Sein, die andere mit einem Seinsollen zu thun. Die erstere läßt uns gleichgiltig, die zweite bringt uns ein Vorziehen oder Verwerfen ab. Die theoretische Auffassung nämlich frägt nach dem, was ist, also dem Seienden überhaupt, seinen bleibenden oder wechselnden Eigenschaften, nach den Ursachen und Gesetzen dieses Wechsels u. s. w.; die praktische Werthschätzung dagegen geht gar nicht auf das Seiende als solches, sondern auf die Art des Zusammenhanges mehrerer Seienden oder ihrer bloßen Bilder, um aus ihrer Verbindung ein Urtheil herleiten zu können.

Die theoretische Auffassung geht von dem empirisch Gegebenen aus und die Veränderung, Berichtigung, Erweiterung der Erkenntniß desselben durch klare und deutliche Begriffe zu einem zusammenhängenden, geordneten und in sich einstimmigen Ganzen ist der Beruf und die Aufgabe der theoretischen Philosophie; die praktische Philosophie dagegen findet ihren Beruf darin, solche gegebene Urtheile, die ein Vorziehen oder Verwerfen aussprechen, zu berichtigen. Bei beiden also ist der Ausgangspunkt das empirisch Gegebene, welches für uns unzweifelhaft gewiß ist; auch wollen beide dies Gegebene berichtigen, aber das Ziel der Berichtigung beider ist verschieden. Die eine gelangt nämlich zu einem System von Begriffen, die andere zu richtigen Urtheilen; bei jenem schwebt uns das Bild dessen vor, was wirklich ist, bei diesem eine Norm, wie es wirklich sein soll; bei jenem finden wir Beruhigung, in diesen eine Forderung.

Die weitere Ausführung der theoretischen Auffassung, namentlich hinsichtlich der Grundbegriffe, gehört in die Metaphysik, in welcher ausführlich dargelegt wird, wie man, vom unzweifelhaft Gegebenen ausgehend, durch einen nothwendigen Fortschritt, d. h. einen solchen, zu welchem das Gegebene selbst treibt, zu jenen klaren und deutlichen Begriffen gelangt, die ein wahrhaftes Bild des Seienden sind.

Für die praktischen Urtheile ist es, wenn wir von den allen geläufigen Urtheilen des verschiedenen Vorziehens und Verwerfens ausgehen, eine nothwendige Bedingung, daß sich das Subject des Urtheils von dem Prädicate begrifflich sondern lasse und anch einer theoretischen Auffassung zugänglich sei. Nur dadurch gewinnt die Untersuchung eine objective Grundlage und einen wirklich wissenschaftlichen Werth; nur dadurch werden die Unterschiede des Angenehmen und Unangenehmen als lediglich subjective und jedes objectiven Halts entbehrende abgewiesen. Wie muß aber dieses Subject beschaffen sein, damit sich unwillkürlich eine Aussage des Werthes an dasselbe heften könne? Die Frage deutet schon darauf hin, man solle nicht in dem Subject als solchem, sondern in der Art seiner Erscheinung den Grund davon suchen. Herbart*) gelangt durch Anwendung der Methode der Beziehungen**) zu dem Resultate, daß die Form, nicht der Gegenstand das ästhetische Wohlgefallen oder Mißfallen

---

*) Werke VIII, p. 18.
**) S. Zimmermann's Geschichte der Aesthetik p. 766.

begründe. Damit nämlich das Gleichgiltige ein Wohlgefäl=
liges werde, muß es durch ein Anderes ergänzt werden. Dieses
Andere, für sich allein aufgefaßt, ist aber wieder gleichgiltig.
Wenn also jedes einzeln aufgefaßt kein Werthurtheil begrün=
den kann, so bleibt als Grund des letzteren nur das Zu=
sammen beider übrig. Dieses Zusammen zweier, in ihrer
Vereinzelnung gleichgiltiger Glieder, d. h. die Art ihrer Ver=
bindung, oder wie Herbart sagt, Verhältnisse sind es,
welche das Werthurtheil hervorspringen machen. Nennt man
die Art dieser Verbindung zweier an sich gleichgiltiger Glie=
der ihre Form, so kann die Aesthetik im Allgemeinen nur
Formwissenschaft sein. Das Wie ist freilich an ein Was
geknüpft, aber deshalb hat das letztere keinen Theil an der
Bestimmung des Werthes, vielmehr hängt der letztere ledig=
lich von der Art der Verknüpfung ab, mögen die Glieder
etwas Wirkliches oder blos Vorgestelltes sein. Wer auf das
Was der Verknüpfung das Hauptgewicht legen würde, der
bliebe in der theoretischen Betrachtung stecken und könnte zu
einem Urtheile des Werthes gar nicht gelangen.

Diejenigen Verhältnisse nun, welche ursprünglich und
unmittelbar ein Wohlgefallen oder Mißfallen hervorrufen,
nennt man ästhetische Elemente, durch deren vollstän=
dige Aufzählung der Aesthetik eine feste Basis geschaffen wird.
Was der theoretischen Auffassung dabei unterliegt, sind die
einzelnen Elemente eines ästhetischen Verhältnisses, die man
den Stoff desselben nennen kann. Darunter ist hier le=
diglich das Was in dem Sinne verstanden, als es Glied
eines Verhältnisses ist. Man kann aber auch noch in einem
ganz anderen Sinne vom Stoffe reden, welcher zum Theil der
theoretischen Betrachtung unterliegt. Dies ist der Stoff,

welcher einem bestimmten Werke der Kunst, der Natur oder blos der Phantasie zum Objecte dient. In diesen Werken findet sich ein ganzes System von jenen Elementarverhält= nissen. Dasselbe Wohlgefällige, welches sich dort an Ele= menten allein geltend machte, zeigt sich hier an ganzen Ge= sellungen von Elementen. Eine solche Gesellung einer Menge von Elementen zeigt jeder Organismus; aber das, was ihn zu diesem bestimmten Organismus macht, ist seine innere Zweckmäßigkeit, d. h. eine Verbindung von mehreren Zwecken. Die Betrachtung der Werke der Natur oder Kunst hinsichtlich ihrer Zweckmäßigkeit ist aber keine ästhetische, d. h. es kann die Art der Verbindung der Elemente wie immer beschaffen sein, gleichgiltig, schön oder häßlich, wenn nur der bestimmte Zweck erreicht wird. Also unterliegt das Werk der Natur oder Kunst, wenn wir es lediglich als Sy= stem von Zwecken betrachten, nur der theoretischen Auffas= sung und es kann nur dann zugleich der ästhetischen Beur= theilung unterworfen werden, wenn sich an diesem System von Zwecken, gleichsam dem Gerüste, eine Fülle ästhetischer Elemente offenbart.

Werke der Kunst, die zu ihrem Gegenstande die Werke der Natur haben, wie dies in recht augenfälliger Weise bei der Plastik der Fall ist, beruhen auf der Nachahmung dieses Systems von Zwecken; aber diese Nachahmung und ihre Bedeutung für die Kunst beruht auf theoretischer Auf= fassung, insofern das Verständniß der inneren Zweckmä= ßigkeit eines Gebildes sich offenbart; zu einem schönen Werke wird es erst durch die Beurtheilung und Gestaltung, die es durch den ästhetischen Geschmack erfährt.

Darnach kann man vom Stoffe in doppeltem Sinne

reben: einmal, insofern er Glied eines ästhetischen Verhält=
nisses ist, und dann, insofern er als System von Zwecken
das Gerüste ist für eine Menge ästhetischer Elemente, oder
das Object für dieses bestimmte Kunstwerk. Zugleich fällt
durch diese doppelte Unterscheidung Licht auf das, was man
individuelle Psyche eines bestimmten Kunstwerkes genannt
hat. Sie ist in zweifacher Weise bestimmt: einmal als Sy=
stem von Zwecken, und insofern blos der theoretischen Be=
trachtung zugänglich, anderseits eine bestimmte Verbindung
ästhetischer Elemente.

Aus dem Vorangegangenen ist so viel klar geworden, daß
bei einem Werke der Kunst theoretische Betrachtung und prak=
tische Werthschätzung in Rechnung kommen; zugleich aber auch,
was einer jeden von beiden zufällt. Es gehört jener der
Stoff, und zwar wie angegeben, in doppeltem Sinne, dieser
die Form an.

Um nun diese letztere noch in ein helleres Licht zu setzen,
wird es nöthig sein, auf den Unterschied der specifisch=ästhe=
tischen Werthschätzung von der ethischen einzugehen oder das
Verhältniß des Schönen im engeren Sinne zum Guten
näher anzugeben. Man könnte nämlich versucht sein, den
specifisch=ästhetischen Werth auf den ethischen zu stützen, und
zwar zunächst in der Poesie, die unmittelbar mit Gedanken
formt, dann aber auch in den anderen Künsten, deren ele=
mentarer Stoff den der Poesie nur in symbolischer Weise
darstellt. Oder mit anderen Worten, hat der ästhetische
Werth von Gedankenverhältnissen sein Heimatsrecht nur in
den Willensverhältnissen? Muß das Schöne zugleich gut sein,
so daß der Werth, der im Guten liegt, die eigentliche Wurzel
ist, aus der jener des Schönen stammt? Wo sich auch immer

ästhetische Verhältnisse im Allgemeinen darbieten, erfolgt ein
Urtheil, mögen es Farben, Linien, Umrisse oder Willen sein.
Die Beurtheilung selbst aber ist eine durchaus selbstständige
bei Tönen, Willen u. s. w., und so wenig sich die specifische
Schönheit der Töne auf die der Farben stützt, ebensowenig
die ästhetischen Verhältnisse im engeren Sinne auf die Ver=
hältnisse des Willens, d. h. das Schöne auf das Gute. Aber
der Wille erfüllt zugleich das eigene Selbst, was bei allen
anderen Elementen, die sich zu ästhetischen Verhältnissen eig=
nen, nicht der Fall ist. Die letzteren sind vielmehr ein
fremdes Object, die ersteren machen das Subject zum Ob=
ject. Daher kann sich jeder der ästhetischen Beurtheilung im
e. S., nicht aber der ethischen entziehen. In dieser lebt er,
jene schaut er blos an, sei es in der Phantasie oder in der
Wirklichkeit.

Diejenige Kunst, in welcher das Aesthetische mit dem
Ethischen am innigsten vermählt zu sein scheint, weil sie auch
die Verhältnisse des Willens in den Bereich ihrer Darstel=
lung zieht, ist die Poesie. Hier ist gleichsam mit größeren
Lettern geschrieben, was bei den übrigen Künsten mehr in
den Hintergrund tritt. Wenn in der Poesie der Gedanke
dasjenige Element ist, aus welchem sie ihre Verhältnisse bil=
det, so gilt von diesen Verhältnissen das schon Gesagte, daß
sie in objectiver Weise angeschaut und beurtheilt werden. Fer=
ner erscheint das Willensverhältniß dort nur als Gedanke
neben vielen anderen Gedanken. Willensverhältnisse fallen
wohl auch in das Gebiet der Darstellung der Poesie, aber
sie füllen es nicht gänzlich aus. Gesetzt aber auch, man
würde zugestehen, daß ein begrifflicher Unterschied zwischen
dem Schönen im e. S. und dem Guten feststehe, ebenso

daß das Element des Poetischen jenes des Ethischen nicht
decke, so kann man sich doch nicht des Gedankens entschlagen,
daß die Poesie sittlich veredelnd auf den Menschen wirke.
Damit ist man aber von dem Begriffe ab= und zur Wir=
kung der Darstellung übergegangen.

In der Ethik interessiren uns nur allgemeine Sätze, in
der Poesie ganz concrete Gedankenverhältnisse, die mit den
Zeiten und den Menschen eine andere Gestaltung annehmen.
Wenn man die Art und Weise überlegt, wie die Poesie und
wie die Ethik die sittlichen Elemente darstellt, so wird es
uns am sichersten einleuchten, was es mit der Ansicht einer
sittlichen Veredlung der Poesie auf sich hat. Herbart
sagt*): „Die Poesie weicht in der Art, die sittlichen Elemente
darzustellen, so äußerst weit von der Moral ab, welche die
Begriffe als solche bearbeitet: daß man ungeachtet der
Gemeinschaft beider in Ansehung des Gebrauches der prakti=
schen Ideen, doch ihren Unterschied nicht weit zu suchen hat.
Das Abstrakte ist das gerade Widerspiel der Poesie; sie
sucht dagegen den Hörer in den Zustand des Anschauens zu
versetzen; so daß aus dem Anschauen sich das Empfinden
entwickle, und zwar vorzüglich das Empfinden ästhetischer
Verhältnisse, weil alle andere Empfindung zu unbestimmt
und zu flüchtig ist, um einen sicheren Eindruck hervorzu=
bringen. Hieraus ergibt sich sogleich der scheinbare Leicht=
sinn der Poesie, um dessenwillen sie für die Moral eine
schlechte Gesellschaft zu sein scheint. Es liegt nämlich der
Poesie nichts an vollständiger Zusammenfassung

---

*) Werke I. p. 147.

aller praktischen Ideen; nichts an der Gleichheit des Gewichtes, welches jeder Idee unter den übrigen zukommt. Hierauf aber beruht gerade die Moral, als die Lehre von dem Thun und Lassen, oder von den Pflichten. Für die Moral müssen die praktischen Ideen als Begriffe logisch behandelt werden; und hiemit sowohl, als mit der Forderung eines vorwurfsfreien Lebens, hängt die Sorge zusammen, nichts auszulassen, oder gering zu schätzen, was zu dem Ganzen des Lobes oder des Tadels beitragen könne. Davon weiß die Poesie nichts; sie verlangt im Gebiete der Begriffe nichts zu erschöpfen oder zu vollenden. Oftmals hat sie an einer einzigen unter den praktischen Ideen genug, wenn es ihr nur gelingt, die übrigen in Schatten zu stellen." Aus diesen Worten wird ersichtlich, daß der ethische Rigorismus sich am meisten dort geltend machen kann, wo dieses Gleichgewicht der Ideen oder ihre vollständige Zusammenfassung nicht vorhanden ist. Aber das Gute hat eben kein Recht, dem Schönen seinen Werth zu geben; und mit der Forderung, es solle das Schöne uns veredeln, d. h. das Gute als Zweck in sich tragen, hat man den selbstständigen Beifall des Gedankenverhältnisses verkümmert oder aufgehoben und das Gute auf dessen Kosten sich ausbreiten lassen. Wer sich aber dennoch von dem Gedanken nicht trennen könnte, daß das Schöne doch in irgend einer Weise das Gute in sich habe und dem Menschen offenbare, dem ist es überhaupt nicht um feste Begriffe, sondern nur um die Realisirung subjectiver frommer Wünsche zu thun.

Nachdem der Unterschied zwischen theoretischer Betrachtung und praktischer Werthschätzung angegeben worden ist, und zugleich auf den specifischen Unterschied zwischen ästhe=

tischer im e. S. und ethischer Beurtheilung die Aufmerk=
samkeit hingelenkt wurde, so dürfte es nicht unwichtig sein,
über einen Punct vor allem in's Reine zu kommen, der,
weil er zur Grundlegung gehört, von wesentlicher Bedeutung
für die ganze Anschauung ist. Ich meine die ästhetischen
Elemente.

II.

Von diesen wurde gesagt, daß sie Verhältnisse darstellen, in welchen das absolute Wohlgefallen oder Mißfallen in seiner primitivsten Form sich kundgebe; aber Verhältnisse gibt es viele und mannigfache, so daß sich leicht die Frage aufdrängt: Ob es nicht möglich sei, die ästhetischen Verhältnisse durch einen wissenschaftlichen Ausdruck näher zu bezeichnen, so daß diese dadurch von allen anderen geschieden erscheinen?

Vorerst ist auf eine Ungenauigkeit des sprachlichen Ausdrucks aufmerksam zu machen, hinsichtlich des „Elementes“ und des „ästhetischen Elementes.“ Bei Herbart selbst ist mit „Element“ bald ein „ästhetisches Element“, d. h. ein Verhältniß gemeint, dem als dem Subjecte ein Prädicat des Wohlgefallens oder Mißfallens zukommt, bald ein an sich gleichgiltiges Verhältnißglied. Im „Lehrbuche zur Einleitung in die Philosophie“*) heißt es: „Alle einfachen Elemente, welche die allgemeine Aesthetik nachzuweisen hat, können nur Verhältnisse sein, denn das völlig Einfache ist gleichgiltig, d. h. weder gefallend noch mißfallend.“ Dagegen in der „allgemeinen praktischen Philosophie“ p. 42**) heißt es: „Diejenigen Urtheile, die unter dem Ausdrucke Geschmack begriffen zu werden pflegen, sind Effecte des voll-

---

*) I. 137.
**) VIII. p. 18.

enbeten Vorstellens von Verhältnissen, die durch eine Mehr=
heit von Elementen gebildet werden. Daß die wahren
Elemente nicht gänzlich ungleichartig sein dürfen, sondern im
Verhältniß stehen u. s. w." Allihn in seinen „Grundlehren
der allgemeinen Ethik" hat nur die letztere Bezeichnung an=
genommen. Im §. 38 werden die einzelnen Elemente der
Auffassung das Material genannt, welche an sich gleichgiltig
sind (§. 44) und die Form ist das Verhalten der ästhetischen
Elemente zu einander (§. 40). Hier ist sonach unter „ästheti=
schem Elemente" nur ein Glied des Verhältnisses verstanden
und der Unterschied zwischen „Element" und „ästhetischem
Elemente" ganz aufgehoben. Es kann kein Zweifel sein, daß
die Begriffe deshalb nicht weniger als feststehend gedacht
werden sollen, aber durch die Ungenauigkeit der Bezeichnung
könnte leicht auch die Auffassung der Begriffe leiden und in
fremder Hand müßten sie für die Bezeichnung büßen, zumal
es so zu sagen das ABC der allgemeinen Aesthetik betrifft.
Findet man die Bezeichnung „Verhältnißglied" zu unbequem
und wählt dafür den Ausdruck „Element", so unterscheide
man das letztere wenigstens vom „ästhetischen Elemente" als
als einem Verhältnisse.

Nun gehört zwar der Versuch, über das Was der ein=
zelnen Elemente etwas anzugeben, der theoretischen Unter=
suchung an, aber er wird durch die doppelte Rücksicht von
großer Wichtigkeit, weil einerseits nur dann, wenn sich ein
solches Was überhaupt nachweisen läßt, über das Schöne
und Gute in bestimmten Begriffen sich etwas ausmachen läßt,
also die Möglichkeit einer Wissenschaft dadurch bedingt wird,
welche von dem blos Angenehmen nicht möglich ist*), und

---

*) S. Hartenstein, Grundbegriffe der eth. Wiss. p. 17 ff.

anderſeits weil es viele andere Verhältniſſe in der Mathe=
matik, Chemie u. ſ. w. gibt, welche kein Prädicat des
Wohlgefallens oder Mißfallens hervorrufen, ſondern lediglich
die theoretiſche Auffaſſung intereſſiren. Daher die Frage ent=
ſteht: Welche Merkmale tragen in theoretiſcher Hinſicht die=
jenigen Elemente an ſich, die als Glieder in Verhältniſſen
ein Urtheil des Werthes in dem Auffaſſenden hervorrufen?

H e r b a r t gibt darüber *) zweierlei an: 1. daß die Glie=
der des Verhältniſſes nicht disparat ſein ſollen, 2. daß das
Verhältniß nicht als ſolches durch ſeinen Exponenten begrif=
fen werden darf. Der erſte Punct gibt uns ein directes
Merkmal für die einzelnen Elemente, der zweite nur eine
indirecte Andeutung. A l l i h n **) gibt die drei Geſichtspuncte
an, daß die einzelnen Elemente nicht disparat, nicht völlig
gleich und auch nicht contradictoriſch entgegengeſetzt ſein dürfen.
Daraus ergibt ſich, daß die Glieder, ſollen ſie ein äſtheti=
ſches Verhältniß bilden, gleichartig ſein und in einem be=
ſtimmten Gegenſatze ſtehen müſſen. Aber dieſe Merkmale der
Gleichartigkeit und des beſtimmten Gegenſatzes haben auch
die mathematiſchen Verhältniſſe von Größen und Zahlen an
ſich. Es muß alſo noch ein Merkmal aufgeſucht werden, wo=
durch das äſthetiſche Verhältniß von dem mathematiſchen ge=
ſchieden erſcheint. Wenn man nun das letztere näher in's
Auge faßt, ſo findet man, daß der Vergleich von Größen
und Zahlen uns nicht an und für ſich intereſſirt, ſondern
wieder in Beziehung auf ein anderes Verhältniß, wie bei der
Proportion, oder in Beziehung auf eine andere Größe oder

---

*) S. prakt. Phil. W. VIII, p. 19.

**) A. a. O. §. 40.

Zahl, den Exponenten. Die einzelnen Verhältnißglieder haben ein gemeinschaftliches Maß, welches sich bei commensurablen Größen genau, bei incommensurablen annähernd bestimmen läßt. Größe und Zahl sind also diejenigen Begriffe, auf welche die Betrachtung des mathematischen Verhältnisses führt. Diese sagen aber nichts anderes, als was in den einzelnen Gliedern schon enthalten ist: es sind theoretische Begriffe, die gemessen werden können, d. h. den Begriff des Maßes voraussetzen. Bei den ästhetischen Verhältnissen werden wir aber als Resultat nicht etwas erhalten, was im einzelnen Gliede schon lag, sondern eben in ihrer Gemeinschaft erst entsteht. Die Beziehung auf einen Exponenten würde dasselbe zerstören: daher bei ihm, soll der Beifall nicht ausbleiben, ein jedes Glied seine eigenthümliche Selbstständigkeit behaupten muß. Mithin enthält ein ästhetisches Verhältuiß überhaupt keine Relation, sondern ist absolut.

Ueber den theoretischen Charakter der einzelnen Glieder eines ästhetischen Verhältnisses wäre nun soviel gewonnen, daß sie 1. gleichartig sind, 2. in einem bestimmten Gegensatze stehen, und 3. absolut, d. h. ohne Beziehung auf einen anderen theoretischen Begriff sind, durch welchen das ästhetische Verhältniß als solches zerstört würde.

Hierbei wäre nur noch zu bemerken, daß das, was in theoretischer Beziehung, d. h. für die einzelnen Glieder absolute Geltung hat, für das praktische Urtheil des Wohlgefallens und Mißfallens allerdings eine Relation der Glieder enthält; denn der Beifall entspringt aus der gegenseitigen Beziehung, er ist gleichsam das geistige Band. Wenn man sich bei einer an zwei feste Enden gehefteten Saite diese Enden als die Glieder denkt, so ist ihr Verbindungsresultat die Spannung, und so wenig in dem einen Ende allein von einer Spannung gesprochen werden kann, ebensowenig von dem Wohlgefallen eines Gliedes, welches aus dem Verhältnisse gerissen ist. Das Resultat eines ästhetischen Verhältnisses ist etwas, was in keinem von beiden Gliedern allein ist, beim mathematischen, was in jedem der Glieder schon enthalten ist. Jenes hängt lediglich von der Gemeinschaft der Glieder, dieses von der besonderen Bedeutung ab, welche jedes einzelne Glied hat. Für dieses ist der Zahlen- oder Größenstoff das Wichtigste, für jenes die Art der Verbindung, d. i. die Form.

III.

Vorausgesetzt nun, es bestehe ein wesentlicher Unter=
schied zwischen theoretischer Betrachtung und praktischer Be=
urtheilung und es lasse sich bei der letzteren an dem Sub=
jecte des Urtheils der doppelte Charakter nachweisen, daß es
einerseits ganz allgemeine theoretische Merkmale an sich trage,
anderseits den Bestimmungsgrund für das praktische Urtheil
enthalte, so fragt es sich nun, ob die specifisch=ästhetische
Werthschätzung immer so rein in's Auge gefaßt wurde, daß
sie von der theoretischen Betrachtung einerseits und von der
ethischen Werthschätzung anderseits, getrennt erschien und
jedem fremden Elemente den Zutritt in ihr eigenes Gebiet
verwehrte, oder ob durch Zulassung des Fremden die Mög=
lichkeit entstand, auf doppelte Weise das Schöne begründen
und diese Grundbegriffe durch Form und Gehalt fixiren zu
wollen. Aus der historischen Betrachtung wird erhellen, daß
dieser Gegensatz ästhetischer Betrachtungsweise keineswegs
neu, sondern schon in Platon und Aristoteles ihre Vertreter
hat, wie dies eine kurze Darlegung ihrer ästhetischen Grund=
anschauung beweisen wird.

Platon gibt als Merkmale des Schönen an: Abge=
messenheit, Verhältnißmäßigkeit*), Reinheit**) und Vollen=
dung***). Dem gegenüber wird aber dem wahrhaft Schönen

---

*) μετριότης, συμμετρία Phileb. p. 62 E.

**) καθαρότης Phileb. 53 A.

***) Tim. 30 C: ἀτελεῖ γὰρ ἐοικὸς οὐδὲν ποτ' ἂν γένοιτο καλόν.

ober der Idee des Schönen, an welcher alles einzelne Schöne Theil hat, Gestalt und Farblosigkeit zugeschrieben*). Daher gehören jene Merkmale nur der unvollkommenen Erscheinung, nicht dem Schönen an sich an, ja sie sind nicht einmal dem Schönen allein eigenthümlich, auch das Gute hat das Merkmal der Angemessenheit**), auch das Wahre hat das Merkmal der Reinheit***). Das Schöne hinwiederum selbst und das Wahre sind nur Merkmale, welche das Gute an sich hat. Die bezeichnendste Stelle dafür im Phileb. 65 A:

Οὐκοῦν εἰ μὴ μιᾷ δυνάμεθα ἰδέᾳ τὸ ἀγαθὸν θηρεῦσαι, σὺν τρίσι λαβόντες, κάλλει καὶ ξυμμετρίᾳ καὶ ἀληθείᾳ, λέγωμεν ὡς τοῦτο οἷον ἓν ὀρθότατ᾽ ἂν αἰτιασαίμεθ᾽ ἂν τῶν ἐν τῇ συμμίξει, καὶ διὰ τοῦτο ὡς ἀγαθὸν ὂν τοιαύτην αὐτὴν γεγονέναι.

Daraus geht aber deutlich hervor, daß der Werth, den das Schöne im e. S. besitzt, lediglich von dem Guten entlehnt ist, mit anderen Worten: es hat gar keinen eigenthümlichen Werth, außer demjenigen, welcher ihm durch den ethischen Gehalt zu Theil wird, weil das Schöne für Platon nicht ein besonderer Gegenstand der Werthschätzung, sondern ein Theil der ethischen ist. Wie die Stufenreihe des Seins in der Idee des Guten, als der höchsten von allen, ihren Abschluß findet†), so auch die des Sollens, und die oben angeführten Formen des Schönen erscheinen nach seiner Stel-

---

*) Sympos. 211 E: *γένοιτο αὐτὸ τὸ καλὸν μὴ ἀνάπλεων σαρκῶν τε ἀνθρωπίνων καὶ χρωμάτων.*

**) Polit. 284 A: *τὸ μέτρον σώζουσαι* (sc. *αἱ τέχναι*) *πάντα ἀγαθὰ καὶ καλὰ ἀπεργάζονται.*

***) Phileb. 62 C: *ἀφῶ πάσας ἐπιστήμας εἰςρεῖν καὶ μίγνυσθαι ὁμοῦ καθαρᾷ τὴν ἐνδεεστέραν.*

†) S. Zeller, Philos. d. Gr. 2. Aufl. II. 1 p. 448.

lung zur Idee des Guten nur mehr als zufällige Zuthaten.
Dieser ethische Rigorismus stellt sich noch deutlicher heraus,
wenn man die Anwendung dieser Anschauung auf das Gebiet
der Kunst in Betracht zieht.

Das wesentliche Merkmal der Kunst besteht in der Nach=
ahmung*), das Kunstwerk ist ein durch die Kunstthätigkeit
erzeugtes Abbild, und zwar das Abbild einer bloßen Erschei=
nung**); da aber die Erscheinung selbst nur ein Abbild der
Idee oder des an sich Seienden ist, so wird das Kunstwerk
eigentlich zum Abbilde eines Abbildes. Zur Bestimmung des
Werthes ist es nun eigentlich ganz gleichgiltig, ob der Ge=
genstand des Urtheiles als ein an sich absolut qualificirtes
Seiendes, wie die platonische Idee, oder als eine Erschei=
nung (Unterschiede, welche blos die Beschaffenheit des Seien=
den als solchen betreffen) zu denken ist. Nicht so Platon
Dem Ansichseienden wird als solchem ein Werth zugesprochen
und von da gelangt er leicht zu dem Schlusse: je weiter von
der Idee entfernt, desto werthloser wird der Gegenstand, da=
her die Kunstwerke als Abbilder der Abbilder noch um eine
Stufe weiter vom Werthe entfernt sind, als die bloßen Er=
scheinungen. Nimmt man noch hinzu, daß der von Platon
bestimmte Begriff des Schönen nur durch Theilnahme an
der Idee des Guten einen Werth erhält, so kann man keinen
günstigen Ausspruch über die Kunstwerke erwarten. Dabei ist
sein Verfahren in den verschiedenen Künsten verschieden. In
der Poesie, welche in den Gedanken ihr eigenthümliches Ele=
ment besitzt, werden natürlich nur die auf das Gute und die

---

*) Rep. II. 373 B. Gess. II. 668 A.
**) Rep. X. 595 C. ff. Soph. 266 B. f.

Tugenden sich beziehenden Gedanken denjenigen Werth aus=
machen, der im Kunstschönen der Poesie enthalten ist. Nnr
der Nachahmer des Tugendhaften (ὁ τοῦ ἐπιεικοῦς μιμη-
τής), heißt es Rep. III., 397 D, soll in den Staat auf=
genommen werden. Schwieriger scheint die Durchführung
des ethischen Gehaltes bei der Musik. Hier hilft sich Platon
durch eine Symbolik. Er sagt in seinem Staate*): „Tonart
und Rhythmus müssen der Rede folgen. Klagen und Jammer
aber brauchen wir nicht. Daher sind die kläglichen Tonarten
(die mixolydische und syntonolydische) auszuschließen. Ebenso
sind die weichlichen, bei Gastmahlen üblichen Tonarten (die
jonische und lydische) zu entfernen, weil Trunkenheit und
Weichlichkeit und Faulheit für unsere Wächter nicht paßt;
sondern nur die dorische und phrygische, von denen die eine
wohlgerüstet und ausharrend, die andere gemäßigt und be=
sonnen klingt, sind beizubehalten"**). Das Gleiche gilt von
den Zeitmaßen: die einen sind Zeitmaße des sittsamen und
tapferen Lebens, die anderen nicht***). Durch die symbolische
Bedeutung also, welche den rhythmischen und musikalischen
Elementen gegeben wird, ist auch hier der Einfluß des ethi=
schen Gehaltes als des allein Werth gebenden Factors gesi=
chert. Auf gleiche Weise verfährt er mit den bildenden Kün=

---

*) III. 398 D — 399 C.

**) Daß Platon in der Verwerfung der mixolydischen und syntono=
lydischen Tonarten auch einen musikalischen Grund hatte, und
dadurch uns in merkwürdiger Weise den Beweis liefert, wie
seinen ethischen Rigorismus das richtige ästhetische Gefühl be=
gleitete, sucht Helmholtz in seiner Lehre von den Tonempfin=
dungen p. 411 zu zeigen.

***) Rep. III. 399 E.

ſten. Der Malerei, Weberei, Baukunſt, den Geräthſchaften, auch der Natur des Leibes und den Pflanzen wohne eine Wohlanſtändigkeit und Unanſtändigkeit inne; Unanſtändigkeit, Ungemeſſenheit und Mißtönigkeit ſeien dem ſchlechten Geſchwätze und der üblen Geſinnung verſchwiſtert, das Gegentheil aber ſei mit dem Gegentheil, dem beſonnenen und guten Gemüthe verſchwiſtert und deſſen Darſtellung*).

Nennt man das ſittlich Gute den „Gehalt" des Schönen, ſo findet er ſich allerdings in Platon's äſthetiſcher Anſchauung, aber in einem ſolchen Grade, daß die unterſcheidende Eigenthümlichkeit des Guten und Schönen verloren geht. Dieſer ethiſche Rigorismus war der eine Grund, warum Platon der Eigenthümlichkeit des Schönen nicht gerecht werden konnte. Der andere, welcher das ruhige objective Urtheil zurückdrängte, beſtand darin, daß er ſelbſt Künſtler, aber philoſophiſcher Künſtler war, „als ſei es eine Ironie, eine Rache der Muſen geweſen, wenn der, welcher den irdiſchen Prieſtern des Reiches der Schönheit einen Platz in ſeinem Staate verſagte, nun die Einmiſchungen der eigenen Künſtlerhand da zulaſſen mußte, wo er ſie hätte ausſchließen ſollen"**).

Anders geſtaltet ſich die Anſchauung von dem Schönen bei Ariſtoteles. Er gibt als die Merkmale des Schönen an: Ordnung, Verhältnißmäßigkeit, Begrenztheit***) und ein

---

*) Rep. III. 400 E. — 401 A.

**) Worte Juſti's in ſeinen äſthetiſchen Elementen der platoniſchen Philoſophie. Marburg 1860.

***) Metaph. XIII. 3, 1078 a 36: τοῦ δὲ καλοῦ μέγιστα εἴδη τάξις καὶ συμμετρία καὶ τὸ ὡρισμένον.

mittleres Maß von Größe*). Aber diese eigenthümlichen Formen des Schönen gewinnen eine viel selbständigere Bedentung als bei Platon, wenn man das Verhältniß des Schönen zum Guten in's Auge faßt. Platon ordnete das Schöne dem Guten unter, Aristoteles stellt nur das Sittlichschöne dem Guten gleich, als ein solches, welches durch sich selbst Wohlgefallen erweckt**). Darnach kann man den Begriff des Schönen im weiteren und engeren Sinne unterscheiden. In jenem Sinne umfaßt es auch das Gute als ein Sittlichschönes unter sich, und stellt ein Werthvolles im Allgemeinen dar, das durch sich selbst Wohlgefallen erweckt. Insofern ein solches Wohlgefallen oder Mißfallen auf einen Ausspruch des Lobes oder Tadels sich stützen, haben das Gute und Schöne, das Schlechte und Häßliche darin ein gemeinschaftliches Richtmaß***). Jene sind durch sich selbst lobenswerth, diese durch sich selbst tadelnswerth. Das Schöne im e. S. wird von dem Guten bestimmt unterschieden in einer Stelle der Metaphysik†), wornach das Gute auf Handlungen eingeschränkt, das Schöne auf unbewegliche Objecte bezogen

---

*) Poet. 7, 1450 b 37 : τὸ γὰρ καλὸν ἐν μεγέθει καὶ τάξι ἐστί, διὸ οὔτε πάμμικρον ἄν τι γένοιτο καλὸν ζῷον οὔτε παμμέγεθες.

**) Rhet. I. 9, 1366 a 34 : καλόν μεν οὖν ἐστὶν ὃ ἂν δι' αὑτὸ αἱρετὸν ὂν ἐπαινετὸν ᾖ, ἢ ὃ ἂν ἀγαθὸν ὂν ἡδὺ ᾖ, ὅτι ἀγαθόν.

***) Rhet. I. 9, 1366 a 23 : μετὰ δὲ ταῦτα λέγωμεν περὶ ἀρετῆς καὶ κακίας καὶ καλοῦ καὶ αἰσχροῦ· οὗτοι γὰρ σκόποι τῷ ἐπαινοῦντι καὶ ψέγοντι.

†) XIII. 3, 1078 a 31 : ἐπεὶ δὲ τὸ ἀγαθὸν καὶ τὸ καλὸν ἕτερον, τὸ μὲν γὰρ ἀεὶ ἐν πράξει, τὸ δὲ καὶ ἐν τοῖς ἀκινήτοις.

wird. Durch diese Unterscheidung eines Schönen im engeren und weiteren Sinne wurde es für Aristoteles möglich, dem Werthvollen, welches in beiden liegt, gerecht zu werden, ohne das eine von dem anderen abhängig erscheinen zu lassen, und ohne wie Platon, für welchen der Begriff des Aesthetisch=Werthvollen im Allgemeinen in dem des Ethisch=Werthvollen aufging, den selbstständigen Werth des Schönen im e. S. zu verkümmern. Dies zeigt Aristoteles auch in der Art, wie er diese Begriffe auf die Kunst anwendet.

Das wesentliche Merkmal der Kunst setzt Aristoteles mit Platon in die Nachahmung *). Das nachgeahmte Abbild — und darin stellt sich der augenscheinliche Gegensatz zu plato=nischer Kunstanschauung dar — verglichen mit seinem Vor=bilde, kann entweder diesem gleich sein, oder es kann schlech=ter oder besser sein **). Nur das letztere, als das nach seinem Inhalte werthvollere, ist die eigentliche Aufgabe der Kunst. Als stillschweigende Voraussetzung sind hierbei gewisse Nor=men zu denken, welche für die Beurtheilung als feststehendes Ziel gelten müssen, und welche der Künstler befolgen soll, wenn er anderen das Schöne mittheilen will. Der Werth seiner Producte besteht nicht darin, was, sondern wie es dargestellt ist. Daher seine Aussprüche: der gute Porträt=maler bilde die Gestalt idealisirter, der Dichter den Cha=rakter philosophischer als der Geschichtschreiber ***).

---

*) Poet. 1447 a 15 : πᾶσαι (alle verschiedenen Formen der Musik und Poesie) τυγχάνουσιν οὖσαι μιμήσεις τὸ σύνολον.

**) Poet. 2, Anf. : ἐπεὶ δὲ μιμοῦνται οἱ μιμούμενοι πράττοντας, ἀνάγκη δὲ τούτους ἢ σπουδαίους, ἢ φαύλους εἶναι...ἤτοι βελτίονας ἢ καθ᾽ ἡμᾶς ἢ χείρονας ἢ καὶ τοιούτους.

***) Wenn Zeller a. a. O. II. 2, p. 609 statt jener Normen „allge=meine Wahrheiten" supponirt, so ist wenigstens unseres Erach=tens jenes οἷα εἶναι δεῖ Poet. c. 25 Anf. nicht deutlicher ge=worden.

Schon aus dieser allgemeinen Angabe der Aufgabe, welche
der Kunst obliegt, zeigt sich der Gegensatz zu Platon und
seinem ethischen Rigorismus, und es wird dies auch durch
die Betrachtung der Wirkungen, welche Aristoteles den Darstellungen der Kunstwerke zuschreibt, einleuchtend werden.
Dabei muß man übrigens den Unterschied wesentlicher und
zufälliger Wirkungen festhalten, denn auf diese zwei Hauptclassen lassen sich schließlich die διαγωγή, ἄνεσις, χαρὰ
ἀβλαβής einerseits und die παιδεία, κάθαρσις anderseits
zurückführen. Im siebenten Capitel des achten Buches der
Politik wird von Aristoteles hinsichtlich der Musik im e. S.
ein dreifacher Nutzen namentlich angeführt: sie dient zum
Jugendunterricht (παιδεία), damit eine stetige sittliche Stimmung dadurch erzielt werde, ferner zur Katharsis und endlich zur Ergötzung (διαγωγή, welche durch die Worte πρὸς
ἄνεσίν τε καὶ πρὸς τὴν τῆς συντονίας ἀνάπαυσιν erläutert wird). Mit διαγωγή ist eine Wirkung der Kunstproducte angedeutet, welche mit dem innersten Wesen des
Schönen zusammenhängt: es ist die unmittelbare Freude oder
das unmittelbare Wohlgefallen, welches sich immer einstellt,
wo ein Betrachter und ein schönes Werk einander gegenüber-
treten. Diese eine Classe der allgemeinen Wirkung hat ihre
verschiedenen Nuancirungen nach dem jeweiligen Zustande des
Gemüthes und kann als Erholung von der Anstrengung oder
als genußreiche Beschäftigung charakterisirt werden*). Auch
im Gefolge der Katharsis zeigt sich diese allgemeine Wirkung.
Wenn Katharsis nach der scharfsinnigen Durchführung von

---

*) Anders Zeller a. a. O. p. 610, welcher daraus zwei besondere
Classen macht.

Bernaÿs*) unmittelbar wohl nichts anderes besagt, als eine im pathologischen Sinne genommene, durch Sollicitation bewirkte Entladung leidenschaftlicher Dispositionen**) auf eine unschädliche Weise***), daher auch Aristoteles nicht die allgemeine Bedeutung von κάϑαρσις als Reinigung, sondern die concretere als Entladung durch ein nebenstehendes ἰατρεία und κουφίζεσϑαι μεϑ' ἡδονῆς als analoge körperliche Zustände erläutert, so kann doch mittelbar eine ethische Abzweckung gar wohl damit bezeichnet werden, zumal Aristoteles auf die Gewöhnung, welche durch ein fortgesetztes Anhören von Kunstwerken erreicht wird, ein großes Gewicht legt†). Aber die sittliche Wirkung der Kunstwerke ist keine wesentliche, da sie für die Jugend mehr als für die Aeltern und bei den musischen Künsten mehr als bei den bildenden hervorgehoben wird. Demnach geht des Aristoteles Ansicht dahin, daß die Kunst wohl auch eine sittliche Wirkung hervorrufen kann, aber daß es nicht in ihrem eigenen Wesen liegt, diese hervorrufen zu müssen, gerade so wie das Staub-

---

*) S. dessen Grundzüge der verlorenen Abhandlung des Aristoteles über die Wirkung der Tragödie aus den Abhandlungen d. phil. Gesellsch. in Breslau 1. Bd. p. 134 f.

**) In welchem Falle der von Bernaÿs statuirte Unterschied von πάϑος, Affect, und πάϑημα, Affection, ein bleibender Hang acceptirt wird.

***) Polit. VIII. 7, 1342 a : ὁμοίως δὲ καὶ τὰ μέλη τὰ καϑαρτικὰ παρέχει χαρὰν ἀβλαβῆ τοῖς ἀνϑρώποις.

†) Polit. VIII. 5, 1339 a 15 : ἢ μᾶλλον οἰητέον πρὸς ἀρετήν τι τείνειν τὴν μουσικήν, ὡς δυναμένην, καϑάπερ ἡ γυμναστικὴ τὸ σῶμα ποιόν τι παρασκευάζει, καὶ τὴν μουσικὴν τὸ ἦϑος ποιόν τι ποιεῖν, ἐϑιζουσαν δύνασϑαι χαίρειν ὀρϑῶς.

bild wohl auch die Ornamentik eines Hauses verschönern kann, ohne daß deshalb die plastische Schönheit desselben im mindesten dadurch bedingt würde.

Auch aus der Wirkung also geht kein durch ethische Rücksichten beengender Einfluß auf die reine ästhetische Betrachtung über und diese tritt auch hier im Gegensatze zu Platon in reiner und ungetrübter Weise hervor. Ueberall war es ein fremdes Element, welches sich bei Platon in die Betrachtung des Schönen und der Kunst eindrängte und überall zeigt sich in Aristoteles das Bestreben, die reine ästhetische Betrachtung von jenem fremden Elemente zu trennen — ein Gegensatz, der sich in der neuern Philosophie nach dem jeweiligen Standpunkte des Systems in verschiedener Weise auf's neue ausgeprägt hat.

Wenn wir uns zu Kant, dem Vororte aller neueren Gedankenschöpfungen, wenden, um von ihm genauer belehrt zu werden über den Grund des Gleichgiltigen und Werthvollen, so tritt bei ihm ein ganz eigenthümliches Verhältniß ein. Kant ging nämlich, wie er in der Kritik der reinen Vernunft*) sagt, nicht auf die Aufstellung einer Doctrin, sondern nur einer transscendentalen Kritik aus, deren Aufgabe nicht darin besteht, unsere Erkenntnisse selbst zu erweitern, sondern nur dieselben zu berichtigen und den Probirstein des Werthes oder Unwerthes aller Erkenntnisse a priori abzugeben. Demnach wird in der Kritik der r. V. nicht die Natur der Dinge untersucht, sondern der Verstand in Ansehung seiner Erkenntnisse a priori. Ebenso, da die Vernunft in ihrem praktischen Gebrauche sich mit den Be=

---

*) Werke v. Hartenstein II. p. 54.

stimmungsgründen des Willens beschäftigt, welcher ein Ver=
mögen ist, den Vorstellungen entsprechende Gegenstände ent=
weder hervorzubringen, oder doch sich selbst zu Bewirkung
derselben zu bestimmen*), so hat die Kritik der praktischen
Vernunft die Principien ihrer Möglichkeit, ihres Umfanges
und ihrer Grenzen vollständig ohne besondere Beziehung auf
die menschliche Natur anzugeben**). Endlich die Kritik der
Urtheilskraft beschäftigt sich mit den Principien a priori der
Urtheilskraft, des Mittelgliedes zwischen Verstand und Ver=
nunft, wodurch dem Gefühle der Lust und Unlust a priori
die Regel gegeben wird***).

Indem also Kant von Anfang an nicht darauf ausging,
eine Aesthetik als eine Wissenschaft vom objectiven Schö=
nen aufzustellen, sondern nur eine Kritik der Urtheilskraft
uns zu geben, d. h. eine Aufstellung der subjectiven Grund=
lagen, unter deren nothwendiger Voraussetzung die Betrach=
tung des objectiven Schönen vor sich geht, also es sich nicht
darum handelt, was dem Subjecte und seinem Urtheile ent=
gegengebracht wird, darzustellen, sondern was das Subject
selbst mitbringt, so kann der Gewinn für die Betrachtung
des objectiven Schönen nicht unmittelbar aus der Kritik der
Urtheilskraft fließen, sondern muß der subjectiven Zuthaten
erst entkleidet werden. Kant's Untersuchung ist transscendental,
nicht metaphysisch; die Principien, die er sucht, sind trans=
scendentale a priori, nicht metaphysische a priori. Unter
ersteren versteht er†) die allgemeine Bedingung a priori,

---

*) IV. p. 110.
**) IV. p. 103.
***) VII. p. 4.
†) VII. p 20.

unter der allein Dinge Objecte unserer Erkenntniß überhaupt
werden können; unter metaphysischen Principien dagegen Be=
dingungen a priori, unter welchen allein Objecte, deren Be=
griff empirisch begriffen sein muß, a priori weiter bestimmt
werden können.

Der ganze Standpunkt ist ein subjectiver geworden.
Nicht objective Regeln vom Schönen selbst sollen gesucht wer=
den, sondern nur solche Regeln, welche die Urtheilskraft dem
Gefühle der Lust und Unlust gibt, sind aufzusuchen, ebenso
wie die Kritik der reinen Vernunft diejenigen Gesetze, welche
der Verstand dem Erkenntnißvermögen, und die Kritik der
praktischen Vernunft die Gesetze aufzustellen hat, welche die
Vernunft dem Begehrungsvermögen a priori vorschreibt. Da=
her sucht Kant in seiner Kritik der Urtheilskraft die doppelte
Aufgabe zu erfüllen, einmal ein Vermögen für das Schöne
zu suchen, und dann eine Kritik dieses Vermögens zu liefern,
um ihm feste Grenzen zu geben.

„Schön" heißt nach Kant*) derjenige Gegenstand,
bei welchem der Grund der Lust blos in der Form desselben
für die Reflexion, mithin in keiner Empfindung desselben
gesetzt wird. Daraus ist ersichtlich, daß, wenn der Ge=
genstand nur der Grund einer Lust an der Vorstellung des=
selben betrachtet wird, das Schöne nicht in objectiven Ver=
hältnissen besteht, sondern in subjectiven Zuständen, nicht ein
Attribut des Objectes, sondern des betrachtenden Subjectes
ist. Wäre nun diese Lust eine blos individuelle, so ließen
sich für den Geschmack als „dem Vermögen, durch eine solche
Lust zu urtheilen", gar keine Regeln aufstellen, die allge=
meine Geltung beanspruchen könnten. Daher fügt Kant hinzu:
nicht blos für das Subject, welches diese Formen auffaßt,

---

*) W. bb. VII. p. 30.

sondern für jeden Urtheilenden überhaupt, werde durch diese mit der Vorstellung eines Gegenstandes nothwendig verbundene Lust geurtheilt. Es ist also eine Allgemeingiltigkeit vorhanden, wenn auch nur eine subjective.

Worin besteht nun diese Lust? Wann wird ein Wohlgefallen in uns erregt? „Wenn die Einbildungskraft (als Vermögen der Anschauungen a priori) zum Verstande, als dem Vermögen der Begriffe, in Einstimmung versetzt und dadurch ein Gefühl der Lust erweckt wird, so muß der Gegenstand alsbann als zweckmäßig für die reflectirende Urtheilskraft angesehen werden." Hier wird also die Lust in die Einstimmung zwischen Verstand und Einbildungskraft gesetzt, der Grund zu dieser Lust ist in der subjectiven, wenn auch allgemeinen Bedingung der reflectirenden Urtheile enthalten und ein objectives Geschmacksprincip ist damit aufgegeben. Auf diese Weise „läßt sich das Schöne nur fühlen, nicht beweisen" *).

Das Gefühl der Lust kann aber ebenso erregt werden durch die Einstimmung überhaupt, als durch die Einstimmung zwischen Verstand und Einbildungskraft. Im ersteren Falle ist nicht einzusehen, warum das erregte Wohlgefallen nur bei dem Verhältnisse zweier Seelenvermögen sich einstellen soll und nicht überhaupt da, wo objective Verhältnisse gewisser Elemente den Beschauer beschäftigen; im zweiten Falle ist eine objective Wissenschaft des Schönen, welches eine Lust im Subjecte bewirkt, gänzlich aufgegeben; denn es wird gar nicht das untersucht, was schön oder häßlich ist und inwiefern dies dem Urtheile unterliegt, sondern umgekehrt richtet sich nach dem Urtheile das objective Schöne und Häßliche.

---

*) Zimmermann in der Zeitschr. für exacte Philof. II. Bd. p. 314.

Wenn also ein objectives Geschmacksprincip ganz abgewiesen wird, so kann eine Wissenschaft des Schönen im Kant'schen Sinne nur darin bestehen, daß sie „das wechselseitige Verhältniß des Verstandes und der Einbildungskraft zu einander in einer gegebenen Vorstellung, ihre Einhelligkeit oder Mißhelligkeit unter Regeln bringe, und die Möglichkeit einer solchen Beurtheilung von der Natur dieser Vermögen ableite*).

Aber eine Wissenschaft, deren Giltigkeit nur auf subjectivem Grunde ruht, ist keine Wissenschaft. Nicht weil ich etwas so empfinde und denke, ist etwas schön und wahr, sondern weil etwas schön und wahr ist, empfinde und denke ich es so. Der objective Werth kommt ihm selbst zu, dem Schönen oder Wahren, unabhängig von seiner eigenen Wirkung, die es in einem betrachtenden Subjecte hervorbringen mag. Ein Subject, welches aus und durch sich selbst eine Wissenschaft hervorbringen wollte, gliche einem Spiegel, der aus seinen aufgenommenen Lichtstrahlen eines Bildnisses dieses selbst erst schaffen wollte. Die Kant'sche Wissenschaft vom Schönen ist also eine Illusion.

Fragte man, wo solle die Natur des Schönen näher erforscht werden, so kann in Uebereinstimmung mit der Anschauung Kant's die Antwort nur dahin lauten: der Ursprung und die Quelle des Schönen ist das Subject. Analysirt man also den Geschmack als das Vermögen der Beurtheilung des Schönen, so wird sich auch über die Natur des Schönen mehr Aufschluß erwarten lassen.

Dies geschieht denn in der Analytik der Kritik der Urtheilskraft**) mit Hilfe der vier Kategorien: Qualität, Quan-

---

*) VII. p. 142.
**) VII. p. 43 f.

tität, Relation, Modalität. In Ansehung der ersten ist das Wohlgefallen oder Mißfallen ohne alles Interesse, der zweiten allgemein ohne Begriff, der dritten zweckmäßig ohne die Vorstellung eines Zweckes, und der vierten nothwendig ohne Begriff. Wo ein solches interesseloses Wohlgefallen, ein zweckmäßiges ohne Zweck, allgemeines und nothwendiges ohne Begriff in einem Menschen vorhanden ist, dort ist die Einbildungskraft zum Verstande in die rechte Einstimmung versetzt und „aus der unruhigen Fluth bald einseitiger Verstandes-, bald einseitiger Einbildungskraftthätigkeit tritt durch den Anblick des Schönen das Normalverhältniß beider in die Anschauung"*).

Wie verhält sich's nun mit irgend einem idealen Gehalte des Schönen im Kant'schen Sinne? Ist aus dem Bisherigen ein solcher in irgend welcher Weise ersichtlich geworden? Das Schöne bestand im Harmonischen der Seelenvermögen (Verstand und Einbildungskraft), welche Harmonie das Gefühl der Lust erzeugte, und hatte allgemeine, wenn auch nur subjective Geltung. Auf die Allgemeinheit stützt sich auch die theoretische Vernunft bei ihren Gesetzen hinsichtlich des Wahren, ebenso die praktische Vernunft bei ihren Maximen hinsichtlich des Guten, also auch folgerichtig der Geschmack bei seinen Urtheilen hinsichtlich des Schönen. Das Wohlgefallen aber oder die Lust, welche durch die Einstimmung in dem Subjecte erregt wird, ist das neue Kriterium, welches für die Beurtheilung des Schönen hinzutritt. Entscheidet dieses formelle Merkmal allein über den Werth oder sind dazu noch intellectuelle oder sittliche Gedanken nothwendig?

---

*) Zimmermann Gesch. der Aesth. p. 401.

Kant sagt in der Kritik der Urtheilskraft*): „Da der Grund
der Lust blos in der Form des Gegenstandes für die Re=
flexion überhaupt, mithin in keiner Empfindung des Gegen=
standes und auch ohne Beziehung auf einen Begriff, der
irgend eine Absicht enthielte, gesetzt wird; so ist es allein
die Gesetzmäßigkeit im empirischen Gebrauche der Ur=
theilskraft überhaupt (Einheit der Einbildungskraft mit
dem Verstande) in dem Subjecte, mit der die Vorstellung
des Objectes in der Reflexion, deren Bedingungen a priori
allgemein gelten, zusammenstimmt; und da diese Zusammen=
stimmung des Gegenstandes mit dem Vermögen des Sub=
jectes zufällig ist, so bewirkt sie die Vorstellung einer Zweck=
mäßigkeit desselben in Ansehung der Erkenntnißvermögen des
Subjectes." — Also mag es sich mit der Zusammenstimmung
des Gegenstandes mit dem Vermögen des Subjectes wie im=
mer verhalten: Grund des Wohlgefallens ist nur die Einheit
der Seelenvermögen. Nur diese formelle Einstimmung ent=
scheidet über den Werth; die Empfindung des Gegenstandes
oder die Beziehung auf einen Begriff, der irgend eine Absicht
enthielte, wird geradezu ausgeschlossen.

Damit scheint nun der §. 42 („Von dem intellectuellen
Interesse am Schönen") und der §. 59 („Von der Schön=
heit als Symbol der Sittlichkeit") nicht zu stimmen. Im
ersten dieser beiden Paragraphe wird das intellectuelle
Interesse in dasjenige Wohlgefallen gesetzt, welches das
moralische Gefühl am Schönen nimmt, aber nur am Natur=
schönen mit besonderem Ausschlusse des Kunstschönen. Worin
besteht also der Unterschied zwischen dem Natur= und Kunst=

---

*) VII. p. 30.

schönen, daß Kant, sich selbst untreu, das erstere mit einem
Interesse verknüpft? Das Product der Natur gefällt dem
Menschen nicht allein der Form nach, sagt er p. 158, sondern sein Dasein selbst gefällt ihm. Ein Dasein aber ist,
nur insofern als es da ist, gleichgiltig, d. h. weder Gegenstand eines Wohlgefallens noch Mißfallens. Daß es das letztere werde, muß es nach seiner moralischen Beschaffenheit in
Betracht gezogen werden. Die vollkommenere oder unvoll-
kommenere Gestalt, in der die sittlichen Ideen in ihm reali-
sirt erscheinen, bedingt seinen inneren Werth, und das höchste
Ziel, welches der Mensch erreichen kann, ist seine moralische Bestimmung.

Weil also einerseits die moralischen Ideen im Menschen
mit dem Dasein desselben verknüpft sind, und andererseits die
schönen Naturformen mit einem realen lebenden Wesen verknüpft sind, so müssen auch, schließt Kant, die schönen Naturformen mit moralischen Ideen sich verbinden lassen. Darin
bestehe die Auslegung der Chiffre-Schrift, wodurch die Natur
in ihren schönen Formen figürlich zu uns spreche. Aber
e mere affirmativis in secunda figura nihil sequitur, sagt
die Logik. Kant gelangt zu einer Verbindung der schönen
Naturformen mit moralischen Ideen nur durch einen „X- für
U-Schluß." Die moralischen Ideen sind also in die schönen
Naturformen nur durch einen Fehlschluß hineingedeutet und
mit einer Chiffre-Schrift derselben, deren wahre Auslegung
in diesen Ideen bestehen sollte, ist es nichts. Auch scheint er,
wenigstens nach den Beispielen, die er am Schlusse dieses Pa-
ragraphes gibt, für die moralische Deutung gar nicht Formen,
sondern nur vereinzelte Elemente im Sinne gehabt zu haben.
So scheine die weiße Farbe der Lilie das Gemüth zu der

Idee der Unschuld zu stimmen, ebenso jede andere Farbe zu einer anderen Idee. Der Satz: „das Interesse am Schönen der Natur sei nur denen eigen, deren Denkungsart entweder zum Guten schon ausgebildet, oder dieser Ausbildung vorzüglich empfänglich sei", fällt nach dem Gesagten von selbst, und insofern er ein Erfahrungssatz ist, schließt er nicht aus, daß ein ihm entgegengesetzter gleiche Giltigkeit habe.

Im §. 59 ist die Schönheit als Symbol der Sittlichkeit, aber nicht mit Ausschließung des Kunstschönen, in Betracht gezogen. Symbolisch nennt Kant diejenige Versinnlichung, in welcher einem Begriffe, den nur die Vernunft denken und dem keine sinnliche Anschauung angemessen sein kann, eine solche untergelegt wird. Die Symbole enthalten die Darstellungen eines Begriffes nur vermittelst einer Analogie. Nun wird das Schöne das Symbol des Sittlichguten genannt*), und auch nur in dieser Rücksicht, fügt Kant hinzu, gefällt es, mit einem Anspruche auf jedes anderen Beistimmung. Hier ist also unter dem Sittlichguten ein solcher Begriff gedacht, den nur die Vernunft denken kann, unter dem Schönen aber diejenige Versinnlichung, in welcher der Begriff zur Anschauung gelangt. Wenn nun diese Versinnlichung nur deshalb gefallen soll, weil ihr ein sittlich = guter Begriff innewohnt, so erscheint der letztere als der eigentliche Werthgeber, die erstere als Beiwerk von nicht selbstständigem Werthe. Ist dies aber der Fall, gefällt das Schöne nur aus der Rücksicht, weil es das Gute in sich enthält, dann muß folgerecht auch das Häßliche, wenn es nur die Hülle eines sittlich guten Begriffes ist, den gleichen ästhetischen

---

*) p. 222.

Werth haben. Soll also das Gute der eigentliche Werth=
messer des Schönen werden, so verliert das letztere ganz
seinen selbstständigen Charakter und wird zur gleichgiltigen
Zierath. — So war es nun wohl von Kant nicht gemeint,
dem Schönen gänzlich seinen selbstständigen Charakter zu
rauben; er hält ja noch immer an dem Unterschiede zwischen
dem Schönen und Sittlichguten fest und legt ihn p. 222 in
vierfacher Richtung dar. Vielmehr war es etwas Anderes,
was Kant bezweckte, indem er den ästhetischen Werth durch
den ethischen zu verstärken suchte. Die weite Kluft, welche
das theoretische Vermögen von dem praktischen trennte, sollte
ausgefüllt und auf irgend eine Art zur Einheit verbunden
werden. Das Intelligible, welches als Schönes symbolisirt
und der sinnlichen Anschauung nahe gebracht wird, stellt
diese Einheit vor. Durch den Geschmack werden wir dieser
Einheit inne und in ihm ist die volle Zusammenstimmung
unserer oberen Erkenntnißvermögen enthalten.

Indem aber Kant verbinden wollte, was unverbindbar
war, raubte er dem Ethischen wie dem Aesthetischen dadurch
seinen selbstständigen Charakter und seiner ursprünglichen An=
schauung die Consequenz. Die Verbindung dieser Gegensätze,
welche die Hegelianer „Tiefe" nennen*), bei denen nämlich
„Tiefe" dort vorhanden ist, wo Gegensätze gebunden sind,
ist von Kant nur dadurch erreicht worden, daß er in eine
Einheit brachte, was unvereinbar war und nur in gesonderter
Gestaltung seinen selbstständigen Werth und seine selbststän=
dige Bedeutung hatte. Indem Kant sein System abzurunden
glaubte, geschah es auf Kosten der specifischen Bedeutung

---

*) S. Erdmann, Geschichte der neueren Philosophie III. 1, p. 200.

der Grundbegriffe. Er unternahm eine Synthese, die mit seinen eigenen logischen Grundsätzen im Widerspruche stand. Setzt man Tiefsinn darein, Unvereinbares zu verbinden, so war es Kant allerdings; aber das Lob, welches ihm dadurch gespendet werden soll, liegt nur im Worte, es ist ein leeres Compliment; der Sache, d. h. dem Begriffe nach, in dem es genommen wird, ist es ein Tadel.

Aus den Beispielen vollends, die Kant am Schlusse des §. 59 gibt, erhellt zur Genüge, daß es Kant nicht gelungen ist, nachzuweisen, daß das Schöne Symbol des Sittlichguten ist. Es läßt sich Dreierlei unterscheiden. Wenn er sagt: „Wir nennen Gebäude oder Bäume majestätisch und prächtig oder Gefilde lachend und fröhlich", so sind subjective Erregungen auf das Object übertragen*); ferner wenn er sagt: „Wir benennen schöne Gegenstände der Natur oder Kunst oft mit Namen, die eine sittliche Beurtheilung zum Grunde zu legen scheinen", so liegt der Accent nicht auf „schöne", sondern auf „Gegenstände", welche allerdings sittliche Elemente in sich tragen können, aber deshalb nicht ästhetisch werthvoll im engeren Sinne sind, da sie auch ohne diesen ästhetischen Werth ethisch werthvoll sein können; endlich wenn er sagt: „Selbst Farben werden unschuldig, bescheiden, zärtlich genannt, weil sie Empfindungen erregen, die etwas mit dem Bewußtsein eines durch moralische Urtheile bewirkten Gemüthszustandes Analogisches enthalten", so ist nur von einzelnen Farben, nicht von der durch Verbindung mehrerer bewirkten Form die Rede. Erst in der Verbindung treten wohlgefällige und mißfällige Verhältnisse heraus, die ästhetischen Werth haben. An sich oder vereinzelt sind sie ästhetisch gleichgiltig.

---

*) Vergl. Herbart's Lehrbuch z. Einl. Werke I. p. 132.

Hat nun wohl die Gehaltsästhetik ein Recht, sich auf diese zwei Paragraphe zu berufen, um an Kant einen Gewährsmann zu besitzen? Das intellectuelle Interesse war nur durch einen Paralogismus hereingebracht worden; und nur deshalb war das Schöne zu einem Symbole des Guten geworden, weil dasjenige verbunden war, was nicht verbunden werden durfte; das bleibende Resultat aber für alle Aesthetik, welches die Kant'sche Anschauung ergeben hat, war dadurch getrübt worden.

Dieses Resultat, welches aus Kant's ästhetischer Anschauung hervorgeht, ist ein doppeltes: einmal, daß das Schöne auf einem Wohlgefallen beruhe, und dann, daß dieses Wohlgefallen oder diese Lust, wie Kant auch sagt, durch die harmonische Zusammenstimmung mehrerer Glieder (bei Kant nur der subjectiven: Verstand und Einbildungskraft) hervorgerufen werde.

Bei Fichte geht die Untersuchung von vornherein nicht darauf aus, objective Merkmale des Schönen aufzusuchen oder anzugeben, was schön sei, und welches die Kriterien seien, aus denen man es erkennen könne, sondern hineinversetzen in die Welt des Subjectes will er uns, um daselbst zu erkennen, was die Ursache der gehobenen Stimmung sei, die in uns durch den Anblick des Schönen sich entwickele. Es handelt sich also bei ihm von Anfang um den Ursprung des Schönen, nicht um seine objectiven Kriterien. Aber es fragt sich, ob die Quelle, aus der das Schöne entspringt, ein Recht dazu habe, als schön zu gelten, oder ob sie nicht die Schönheit vielleicht schon mitbringe.

Ganz charakteristisch beginnt Fichte in den Briefen „über

Geist und Buchstabe in der Philosophie"*) mit der Wirkung
des Schönen auf das menschliche Gemüth; denn dies führt
ihn ganz natürlich zu der Frage nach dem Ursprunge und
der Quelle desselben. „Von den Producten der Kunst sowohl
als der Natur läßt uns das eine kalt und ohne Interesse,
ein anderes zieht uns an"**). Aber statt nun im Objecte
selbst den Grund dafür zu suchen, geht er in die Werkstätte
des Subjectes, dessen Gebilde es war. Von ihm muß es
das Leben, das es in uns erregt, erhalten haben. Er nennt
„diese belebende Kraft an einem Kunstproducte Geist, den
Mangel derselben Geistlosigkeit." Der Grund dieser bele=
benden Wirkung im Betrachter sowohl als im schaffenden
Künstler ist jener Universalsinn, der beiden innewohnt und
sie beide durch das Kunstwerk verbindet. Im Künstler wohnt
dieser Universalsinn der gesammten Menschheit in der Stunde
der Begeisterung, von ihm geleitet vergißt er seine Indivi=
dualität, durch die er nur von andern getrennt ist, und hält
sich nur in der gemeinsamen Heimath aller Menschen auf.
Das Kunstwerk erscheint somit gleichsam als der Heimaths=
schein der Menschen aus einem gemeinsamen Lande.

Was ist nun jener Universalsinn der Menschen, der
Allen innewohnt, und den ein Jeder durch eigene innere Er=
fahrung kennen lernen kann? Fichte sagt***): Das einige Un=
abhängige im Menschen nennen wir den Trieb. Er ist das
höchste und einzige Princip der Selbstthätigkeit in uns. Dieser
Trieb hat einen doppelten Standort. Entweder wird ein be=

***

*) S. W. VIII. p. 270 f.
**) A. a. O. p. 272.
***) A. a. O. p. 277.

stimmtes Ding vorausgesetzt und der Trieb geht darauf, es
in unserem Geiste durch freie Selbstthätigkeit nachzubilden,
oder es liegt eine durch freie Selbstthätigkeit erschaffene Vor=
stellung zum Grunde und der Trieb geht darauf, ein Pro=
duct in der Sinnenwelt hervorzubringen. Dies ergibt im
ersten Falle den Erkenntnißtrieb, im zweiten den praktischen
Trieb. Auf dem Gebiete des ästhetischen Triebes ist die Vor=
stellung ihr eigener Zweck; sie wird auf kein Ding bezogen,
nach welchem sie, oder welches nach ihr sich richte. — Durch
diesen ästhetischen Trieb ist erreicht, was Fichte erreichen
wollte, nämlich Einheit: der ästhetische Trieb stellt uns den
einigen, untheilbaren Menschen dar, zu dem sich beide un=
verträgliche Triebe vereinigen, in ihm sind beide ein und
derselbe Trieb. Auf dieselbe Weise, auf welche der Trieb sich
im Menschen in dreifacher Art zu erkennen gibt, theilt sich
auch die Philosophie in drei verschiedene Disciplinen, je nach
dem Erkenntnißtriebe, dem praktischen Triebe und dem sie
beide vereinigenden ästhetischen Triebe. — Gesetzt nun, man
habe genau bestimmt, durch welches Organ das Schöne ge=
schaffen und betrachtet wird, ist dadurch über seinen Werth
das Mindeste entschieden worden? Oder bringt es ihn auf
irgend eine Weise mit? Ferner, wie rechtfertigt sich der
Titel, wenn er zum Inhalte in enger Beziehung stehen soll?
Zuvörderst könnte es scheinen, als sei der Fichte'sche ästhe=
tische Trieb ein logischer Classenbegriff, und der Erkenntniß=
trieb und der praktische Trieb wären nur insofern eins und
dasselbe, als sie beide Trieb seien. Dies ist aber nicht der
Fall. Sie stehen im Verhältnisse der Coordination und es
entsprechen ihnen drei verschiedene Seelenkräfte: Erkenntniß=
kraft, Willenskraft und nach p. 290 Einbildungskraft.

Die schöne Kunst, heißt es im System der Sittenlehre*), wendet sich nicht an den Verstand noch an das Herz, sondern an das ganze Gemüth in Vereinigung seiner Vermögen; es ist ein Drittes, aus beiden Zusammengesetztes. Nach dieser Exposition, welche von einem Zusammengesetzten redet, sollte man vermuthen, daß auch selbstständige Glieder da wären, welche ja auf dem Wege der Abstraction aufgehoben würden. Wird vielleicht dieses Zusammengesetzte durch die Harmonie seiner Glieder schön? Aber Fichte denkt nicht an selbstständige Glieder; sie sind im ästhetischen Triebe aufgehoben. Bei diesem Triebe ist die Vorstellung ihr eigener Zweck, beim erkennenden und praktischen hingegen ist die Harmonie zwischen Vorstellung und Gegenstand der Zweck, nur daß im ersten Falle die Vorstellung sich nach dem Dinge, im zweiten das Ding sich nach der Vorstellung richten soll**). Der ästhetische Trieb wird also nicht deshalb Schönes hervorbringen, weil die anderen Triebe in einem gewissen Verhältnisse zu einander stehen oder zu einander gesetzt werden, vielmehr mußte die Verschiedenheit Selbstständiger der Einheit zu Liebe, die er in die Philosophie bringen wollte, in eine transscendentale Spitze culminirt werden. Der Erkenntniß=, der praktische und ästhetische Trieb unterscheiden sich nur durch die verschiedene Art ihrer Aeußerung. Aber ist denn Alles schön, was der ästhetische Trieb thut? Oder ist sein Thun bald schön bald häßlich? Fichte untersucht diese Unterschiede nicht, sondern geht lediglich den Veranlassungen und Gelegenheiten nach, unter denen er sich äußert, als ob mit dem, was er thut,

---

*) S. W. IV. p. 353.
*) S. W. VIII. p. 280.

anch schon der Werth verknüpft wäre. In der That mag sich
der ästhetische Trieb als Geschmack, d. h. als Vermögen,
der das Schöne beurtheilt, oder als Geist, der das Schöne
schafft, äußern: es entscheidet über den Werth des Geschaf=
fenen sowohl als des Beurtheilten nur dies, daß die Vor=
stellung ihr eigener Zweck sei, daß die Betrachtung der Ge=
genstände eine ruhige und absichtslose sei. Aber abgesehen
davon, daß diese Forderung eine lediglich subjective ist und
nichts über den objectiven Werth entscheidet, so ist, wenn
Alles schön ist, was nach der Forderung jenes Triebes be=
urtheilt oder geschaffen wird, der Grund der Schönheit an
ihm selbst nicht bewiesen, sondern wird im ästhetischen Triebe
vorausgesetzt und erscheint wie von selbst. Nur die interesse=
lose Billigung ist erforderlich, und der Geschmack beurtheilt
Schönes; nur die zur völligen Freiheit erhobene Einbildungs=
kraft ist nöthig, und der Geist schafft Schönes. Die Schön=
heit besteht nur im Leben und Aufstreben*), d. h. die bloße
Aeußerung des ästhetischen Triebes ist schon schön. Daher
der schöne Geist, der diesen Trieb besitzt, alles von der schö=
nen Seite sieht.

Der Gegensatz, der durch den Titel „Geist und Buch=
stabe in der Philosophie" ausgesprochen ist, erhält durch den
dritten Brief näheren Aufschluß. Es ist auffallend, daß dieser
Brief speciell vom Künstler handelt und daß der Gegensatz
zwischen Geist und Buchstabe gerade in dieser Richtung an=
schaulich gemacht werden sollte. Was ist nun Geist? was ist
Buchstabe? Die innere Stimmung des Künstlers, heißt es
p. 294, ist der Geist seines Productes, und die zufälligen

---

*) IV. p. 354

Gestalten, in denen er sie ausdrückt, sind der Körper oder Buchstabe desselben. Damit erhalten wir aber keinen objectiven Aufschluß über das, was Geist ist, sondern nur einen subjectiven, hier von Seite des producirenden Künstlers, und vom Subjecte aus schuf sich Fichte wie auf einheimischem Boden am liebsten seine Welt.

Der Geist, der den Trieb im Menschen entwickelt, erhebt ihn als Intelligenz über die ganze Sinnenwelt. Er ist Einer; denn was durch das Wesen der Vernunft gesetzt ist, ist in allen vernünftigen Individuen dasselbe. Die Sinnenwelt dagegen ist mannigfaltig und insofern wir ihren Einwirkungen offen stehen und mit derselben zusammenhängen, sind wir als Individuen verschieden. Wenn also der Künstler diesen Allen gemeinsamen Geist in eine körperliche Hülle kleidet, so vermittelt er die durch die Sinnenwelt getrennten, individualisirten Menschen, daß sie fähig sind, durch das Kunstwerk ihrer höheren und allgemeineren Heimath inne zu werden. Denn „was der Begeisterte in seinem Busen findet, liegt in jeder menschlichen Brust, und sein Sinn ist der Gemeinsinn des ganzen Geschlechts, von dem er Gebrauch macht, theils um seinen Sinn zu versuchen, theils um seine Stimmung Andern mitzutheilen."

Alles vortrefflich! Was ist aber dieser Geist, daß er sich selbst uns als ästhetisch werthvoll hinstellen kann? Denn seine Allgemeinheit kann ihm nicht lediglich die ästhetische Weihe geben. Wir sind freilich Alle Intelligenzen, aber als solche haben wir auch Urtheile über das, was wahr und gut ist, und es ist der specifische Charakter des Schönen damit nicht gegeben. Es verhält sich hier wie oben mit dem ästhetischen Triebe. Dieser brachte das Schöne selbst mit als jene transscendentale Einheit des Erkenntnißtriebes und des praktischen Triebes. Anstatt also den Grund des Schö=nen anzugeben, wurde es selbst darin vorausgesetzt. Es war die Einheit der Sinnlichkeit und Vernunft, wie Zimmer=mann*) sagt, welche das Schöne hervorbrachte. Wo Kant noch Harmonie der Seelenkräfte setzte, trat an deren Stelle die Einheit derselben, um das Schöne zu erklären. Der ganze Mensch ist der Ursprung des Schönen und das schöne Werk muß und soll deshalb Allen gefallen, weil es aus der Fülle der menschlichen Natur geschöpft ist, und nur, weil es aus dieser selben Quelle geschöpft ist, ist das Kunstwerk schön. Dieser Ursprung offenbart seinen Geist und zeigt uns die Vernunft, die allgemeinere und deshalb werthvollere Seite der Menschheit; die Sinnenwelt hingegen, als die trennende und die Menschen individualisirende, ist diejenige Seite der Menschheit, welche dem Werthe der Einzelnen Abbruch thut.

Aus diesem Gedanken läßt sich die weitere Fichte'sche An=schauung über das Schöne und das Kunstwerk erklären. Das letztere wird von ihm unter dem Bilde von Leib und Seele vorgestellt. S. 294 sagt er: Darum drückt der Künstler die Stimmung seines Geistes ein in eine körperliche Gestalt. Also zeigt das Kunstwerk, indem ihm die Analogie mit Leib und Seele für eine Begründung gilt, sowohl die sinnliche und deshalb werthlosere Seite an sich, als auch die geistige, allgemeine und deshalb werthvollere, wie der Mensch. Nach=dem einmal diese Brücke überschritten worden ist, sinkt ihm die Form, als die sinnliche Seite, zum werthlosen Schema herab, der Geist aber wird allein zum ästhetisch werth=vollen Träger erhoben.

---

*) In der Zeitschr. f. exacte Philos. II. p. 331.

Nach dieser vorgenommenen Trennung von Geist und Form, welche das schöne Werk constituiren, sind wir genöthigt, sie zuerst gesondert zu betrachten; dann die Art zu überlegen, wie sie mit einander im Verhältnisse stehen, und endlich, was es mit dieser ganzen Trennung für eine Bewandtniß hat und ob man überhaupt im Staude ist, über das Schöne daraus einen Aufschluß zu erhalten.

Voraus sei bemerkt, daß diese Unterscheidung von Geist und Buchstabe, wie aus dem Inhalte des ganzen dritten Briefes zu ersehen ist, nur die Werke der Kunst angeht, also das Schöne hinsichtlich seiner Form und seines Gehaltes, wie man jetzt mit veränderter Terminologie sagt, nur am Werke der Kunst, nicht auch der Natur, entdeckt und betrachtet wird; Fichte aber, um die subjective Richtung seiner Philosophie zu erhalten, der Werkstätte des schaffenden Künstlers nachgeht. Dieser ist ihm die Handhabe, um das Schöne im „Geist" zu finden und durch ihn seinen Werth zu erhalten, wozu ihm das aus der Sinnenwelt hergeholte Material, mit welchem die Formen verbunden sind, als der Körper oder Buchstabe keine Dienste leistet. Es gewinnt dabei den Anschein, als sollten die Formen, die an dem physisch realen Körper als Gebilde des Künstlers vorhanden sind, mit diesem selbst unter dem „Körper" oder „Buchstaben" zusammengefaßt werden.

Diese Formen nun entscheiden nichts über den Werth des Kunstschönen. Fichte nennt sie die zufälligen Gestalten, unter denen der Geist ausgedrückt wird, die aber nicht der Geist selbst sind. „Durch sie allein wird nichts hervorgebracht als ein leeres Geklimper, — ein Spiel, das auch nichts weiter ist, denn Spiel, — das nicht zu den Ideen führt"*),

---

*) p. 295.

und wenn er auch*) den Unterschied von gefälligen For=
men und Verzierungen und ihrem Gegentheil hervorhebt
und den ersteren sogar ein ästhetisches Vergnügen als deren
Wirkung zuschreibt, so ist diese mit seiner Anschauung nicht
gut harmonirende Bemerkung nur wie zufällig eingestreut,
und p. 298 heißt es schon wieder, daß nicht sehr feine Beob=
achter versucht sind, der Gestalt und dem Baue des Kör=
pers die bewegende Kraft zuzuschreiben, die allein der Geist
hat. Die Formen Fichte's erregen also gar kein Wohlgefallen,
sondern sind an sich gleichgiltig. Die Regeln, nach denen ein
Körper gebildet ist, sind zu berechnen und zu lernen, sie
bilden nur den „mechanischen" Theil der Kunst, das Wohl=
gefallen aber, wenn es eintreten sollte, könnte dann natürlich
nur an den Ideen sich einstellen, welche die Formen aus=
drücken.

Also der „Geist" des Kunstwerks ist dasjenige, von dem
es seinen ästhetischen Werth erhält. Daß der Geist des Kunst=
werks die innere Stimmung des Künstlers repräsentirt, wurde
schon bemerkt, ebenso, daß diese Stimmung aus der Fülle
des ganzen Menschen geschöpft sein müsse, d. i. aus der
transscendentalen Einheit der Seelenkräfte. Wenn aber dieser
Geist im Kunstwerke wirklich vorhanden ist und den Maßstab
seines Werthes abgeben soll, so müssen sich doch noch einige
Kriterien an dem Werke selbst auffinden lassen, aus denen
man das Wesen dieses Geistes näher bestimmen könnte. Diese
gibt Fichte wirklich, freilich nicht in fortlaufender Deduction,
sondern nur andeutungsweise in den Beispielen, die er auf=
führt. Es ist Göthe's Iphigenie und Tasso**). Die Fabel

---

*) p. 296.
**) p. 295.

und die Sprache derselben bilden den Buchstaben; die Stimmung dagegen, welche darin herrscht, den Geist. Die ersteren sind ästhetisch gleichgiltig. „Mit der gleichen Einfachheit der Fabel, der gleichen Leichtigkeit, dem gleichen Adel der Sprache ist es möglich, ein sehr schaales, sehr schmackloses, sehr unkräftiges Werk zu verfertigen." Daraus würde man schließen können, daß, falls ein Kunstwerk ästhetisch werthvoll sein soll, es interessant und kräftig sein müsse. Aber Interesse und Kraft lassen sich ebenso gut mit dem Häßlichen als mit dem ästhetisch Gleichgiltigen verbinden, daher auf ihnen der ästhetische Werth nicht beruhen kann. Zur näheren Zeichnung jedoch der beiden Göthe'schen Dramen werden nun vier Kriterien angegeben, die den Geist der Stücke ausmachen sollen, als der letzte Nachen, durch den noch der ästhetische Werth das rettende Ufer erreichen soll, um nicht hoffnungslos im Meere dieses bisher unästhetischen Geistes zu versinken. Es schmiegt sich an unsere Seele bei der Betrachtung dieser Werke, sagt Fichte, erstens das lebendige Bild jener geendigten Cultur, zweitens jenes Beruhens in sich selbst und auf sich selbst, welches mit dem Maße seiner Kraft eben ausreicht, drittens jener Unbefangenheit des Geistes, welche die Dinge keiner anderen Schätzung unterwirft, als der, daß sie Gegenstände unserer Betrachtung sind, und viertens jener Vollendung der Menschheit, die sich von der Sinnenwelt abgelöst fühlt.

Was den ersten Punet anbelangt, daß nämlich in dem Betrachtenden das lebendige Bild jener geendigten Cultur erweckt werde, so ist diese Erregung keineswegs durch praktische Werthschätzung zu Stande gebracht worden, sondern sie beruht auf einem historischen Interesse, d. h. sie ist Resultat der theoretischen Auffassung. In gleicher Weise hat der

Naturforscher anch an dem häßlichsten Thiere ein Interesse, nämlich ein wissenschaftliches. Damit dieses Interesse möglich sei, werden Kenntnisse vorausgesetzt, in diesem Falle histo= rische und naturhistorische, welche der Apperception den frucht= baren Boden bereiten und der Erwartung die Befriedigung verschaffen. Das Interesse also, welches in dem Betrach= tenden erregt wird, ist das Resultat eines psychischen Geschehens, nicht eines ästhetischen Urtheils; daher anch der Geist in diesem Betracht nichts Aesthetisches besagt, sondern nur das theoretische Interesse am Objecte, d. h. Stoffe des Kunstwerkes berührt, also nur das Was, nicht das Wie in Betracht zieht, welches allein auf den ästhetischen Werth entscheidend eingewirkt haben würde.

Was nun den zweiten Punct betrifft, so ist mit dem Beruhen in sich selbst und auf sich selbst, d. h. mit dem Be= wußtsein hinreichender Kraft etwas angedeutet, was auf den ersten Anblick wie ein objectiver Grund aussieht, aus dem sich ein ästhetisches Urtheil mit dem Ausspruche eines Wohlge= fallens entwickle. Wo Kraft sich äußert in einem bestimmten Maße, da treten Größenverhältnisse ein. Das Größere gefällt neben dem Kleineren. Sind diese vorhanden? und repräsentirt das Maß das richtige Verhältniß solcher Aeußerung? Nach dem Wortlaute ist es aber nicht das Maß der Kraft, sondern das Maß der Kraft, in welcher der Geist liegt, d. h. also nicht Verhältnisse von Kräften bilden den objectiven Grund für das Geistige, welches nach Fichte das Aesthetisch=Werth= volle sein soll, sondern die Aeußerung der Kraft selbst macht den Grund des Werthes aus. Das Geistige oder Werthvolle liegt also gerade wie im ersten Falle im Objecte oder dem Stoffe des Kunstwerkes, der an sich für den Künstler ästhetisch gleichgiltig ist, nur mit dem Unterschiede, daß früher an ein seiendes, jetzt an ein werdendes Object gedacht wird.

Der dritte Punct spricht von jener Unbefangenheit des Geistes, welche die Dinge keiner anderen Schätzung unterwirft, als der, daß sie Gegenstände unserer Betrachtung sind. Diese Stimmung soll der Künstler seinem Werke einprägen und durch dessen Betrachtung soll dieselbe in uns wiedererweckt werden. Der Künstler besitzt diese Stimmung in so hohem Maße, daß die Betrachtung um ihrer selbst willen Werth genug besitzt für ihn, ohne daß er auf einen außer ihm liegenden Zweck zu denken braucht, für den sie etwa brauchbar sei. Soll nun das Kunstwerk keine bloße Relation an dieser Betrachtung, sondern ein objectives Merkmal enthalten, d. h. soll damit nur die Selbstständigkeit des eigenen Werthes bezeichnet werden, so würde dies wenigstens hinsichtlich seines ästhetischen Charakters nichts entscheiden. Denn nicht nur beim Schönen ruht der Werth in ihm selbst, auch beim Wahren und Guten. Aber davon ist eigentlich gar nicht die Rede. Nicht von objectiven Merkmalen am Kunstwerk wird gesprochen, sondern von dem subjectiven der unbefangenen Betrachtung, der richtigen Auffassung oder der Bedingungen, unter welchen das Gemüth für das Schöne in diesen Objecten am empfänglichsten ist, sei es im schaffenden Künstler oder in dem Betrachter des Kunstwerkes. Diese Bedingung des Subjectes kann aber kein Merkmal des Objectes sein, und wollte man sie als ein solches angesehen wissen, so würde man fälschlicher Weise objectiviren, was nur dem Subjecte angehört. Diese Schätzung ist also gar kein Merkmal von ästhetischem Werthe am Objecte, sondern eine Eigenschaft des betrachtenden oder schaffenden Subjectes. „Geist" in dieser

Hinsicht hat also das Kunstwerk als objectives Merkmal gar nicht, vielmehr ist von der geistigen Auffassung die Rede, und die Bedingungen der Richtigkeit dieser gelten nicht allein in Absicht des Schönen.

Es bleibt also nur der vierte Punct übrig, der uns vielleicht retten und auf einen wirklich ästhetischen Kern führen kann. Er spricht von jener Vollendung der Menschheit, die sich von der Sinnenwelt abgelöst fühlt und mit gleicher Leichtigkeit sich ihr erfreuen als sie entbehren kann. Ueberlegt man zunächst, ob diese Bestimmung das Object oder das auffassende Subject trifft, so muß das letztere offenbar verneint werden. Was besagt sie nun vom Object? Daß die Menschen weder Herren der Sinnenwelt sind, um sie zu unterjochen, noch Sclaven derselben, um sich von ihr beherrschen zu lassen, sondern in harmonischer Weise ihr Dasein führen. Wenn aber eine Harmonie vorhanden ist, wo sind dann die harmonirenden Glieder? Was nöthig ist, um das Bedürfniß zu befriedigen, den Genuß zu erlangen, wird Ziel des Willens; wann das Maß des Bedürfnisses oder Genusses voll ist, wird beurtheilt durch die eigene Einsicht. Der Wille also ist es und die eigene Einsicht, welche jene Harmonie erzeugen; jener steckt das Ziel, diese billigt es oder diese beurtheilt es und jener befolgt es; und die Menschen, in denen eine solche Harmonie lebt, wird man innerlich frei nennen können. Auf diese Weise hätten wir ganz ein ethisches Verhältniß, und Fichte's ethischer Tiefsinn käme auch hier zum Vorschein, freilich zum Schaden seines ästhetischen „Geistes." Etwas Werthvolles ist allerdings zu Tage getreten, aber von specifisch-ethischer Art. Es bekäme also dadurch das Aesthetische seinen letzten bestimmten Anhalt, um als werthvoll gelten zu können, durch das Ethische und das Schöne verliert die Selbstständigkeit seines Werthes, wenn es nur vom Guten entlehnt sein soll.

Aus allen vier Puncten resultirt nun Folgendes: „Geist" in den beiden ersten Fällen ist stoffliches Interesse am Objecte, indem es entweder als seiendes oder werdendes aufgefaßt wurde; im dritten Falle stoffliches Interesse am Subjecte (sei es Künstler oder Betrachter) und im letzten Falle ethisches Interesse. Der „Geist" würde also entweder in theoretischer oder praktischer Weise den specifisch-ästhetischen Werth ersetzen sollen; theoretisch entweder in Bezug auf das Object der Kunst oder das Subject des Künstlers, praktisch durch seinen ethischen Werth. Ein eigenthümlich specifisch-ästhetischer Werth ist also in diesem „Geist" gar nicht gefunden worden, vielmehr sind ihm mit Hilfe theoretischer und ethischer Begriffe Dinge geliehen worden, die ihn vom specifisch-ästhetischen Boden entfernen. Dieser Geist soll es denn sein, der den Künstler beseelt, davon seine Stimmung voll ist, die er dem Werke einprägen möchte, damit er uns erhebe; dieser Geist soll der Endzweck der Kunst sein, daß wir, wie es p. 299 heißt, uns zu einer ganz anderen uns fremden Stimmung erheben, in welcher wir unsere Individualität vergessen, — mit einem Worte, der geistige und sittliche Ernst im Individuum macht das Schöne aus, d. h. es wird in Theoretisches und Ethisches aufgelöst.

Nachdem Geist und Buchstabe in gesonderter Darstellung in Betracht gezogen worden sind, kann nun, wie oben angegeben, ihr gegenseitiges Verhältniß zur Sprache kommen. Fichte sagt*): „Der begeisterte Künstler drückt die

---

*) p. 294.

Stimmung seines Gemüthes in einem beweglichen Körper aus, und die Bewegung, der Gang, der Fortfluß seiner Gestalten ist der Ausdruck der inneren Schwingungen seiner Seele. Diese Bewegung soll in uns die gleiche Stimmung hervorbringen, welche in ihm war, — — und jene Gestalten sind die Vermittler zwischen ihm und uns."

Daß die Formen allein nicht den Werth des Schönen bilden, hat Fichte selbst, wie gezeigt wurde, laut genug ausgesprochen; und daß der Geist ebenfalls nicht als dasjenige erschien, welches dem Schönen seinen Werth geben könne, glauben wir gezeigt und bewiesen zu haben. Zum Glück ist sich Fichte nicht ganz consequent geblieben, und wo die Inconsequenz sich einstellt, erscheint der wahre Aesthetiker. Ein Fall wurde schon oben berührt, wo den gefälligen Formen ein ästhetisches Vergnügen zugeschrieben wurde. Ein zweiter ist auf S. 297. Fichte unterscheidet im Künstler zwei Zustände, den der ursprünglichen Begeisterung und den der Darstellung. „Nun gibt es Künstler, die zuerst den Geist fassen, und dann den Erdkloß mit Ueberlegung und Auswahl suchen, andere wiederum, in denen der Geist zugleich mit der körperlichen Hülle geboren wird. Die ersteren erzeugen die gebildetsten, berechnetsten Producte, deren Theile alle das feinste Ebenmaß unter sich und zum Ganzen haben." Wie kommen diese Formen dazu, einmal vollendet zu sein und ein andermal den Stempel der Unvollendetheit an sich zu tragen? Wenigstens wird es für den Werth der Erscheinung des schönen Kunstwerkes nicht als gleichgiltig erachtet, diese oder jene Formen an sich zu tragen. Ist aber einmal dieser Unterschied gemacht und steht dem Künstler die Wahl frei, so folgt daraus unmittelbar, daß einige der Formen ein ästhetisches Wohlgefallen in uns

erregen, andere nicht. Soweit jedoch verfolgt Fichte diesen
Gedanken nicht, vielmehr entfliehen uns bald wieder die
Formen und der Geist bleibt als der einzige Werthgeber
zurück. Was kann es aber überhaupt heißen: die Stimmung
des Künstlers sei in der körperlichen Gestalt der Formen
ausgedrückt? Die Stimmung mit allen ihren psychischen
Bedingungen, wie sie im Künstler war, wird man wohl
schwerlich in dem Detail ausgedrückt glauben, wie sie der
Künstler in Wirklichkeit besaß. So wie jeder Schriftsteller
nicht seinen ganzen Gedankengang, wie er in seiner Seele
wirklich abgelaufen ist, verzeichnet, sondern nur gewisse End=
knoten von Reihen, darinnen sie als in ihrem Mittelpunkte
ihren klarsten und deutlichsten Ausdruck erlangten, ebenso
wird der Künstler nicht den ganzen Verlauf seiner Stimmung
in der Gestalt ausprägen können, sondern nur diejenigen
Mittelpunkte, die in einem bestimmten Gedankengange einen
objectiven Inhalt hatten. Es sind also gewissermaßen nur
Excerpte von Seelenzuständen, um die sich beim Schaffen
die Formen des Werkes gruppiren. Die Phantasie leitet den
Künstler, gibt ihm sein bestimmtes Centrum und führt seine
Gestalten aus dunklem Nebel in lichte Räume. Nehmen wir
nun an, es sei ein bestimmter Geist vorhanden, und dieser
werde in Formen gegossen. Soll der Geist uns verständlich
werden, so müssen es auch die Formen sein; denn es ist
kein anderes Mittel vorhanden, ihn auszudrücken; also müssen
bestimmte Formen auch einen bestimmten Geist verrathen,
und sie haben insofern wenigstens den Werth des Mittels,
nehmen also Theil an dem des Geistes. Wonach bestimmt
sich nun der Werth der Geistes? Ist etwas deßhalb schön,
weil es der Künstler so schuf oder schuf er es, weil es so

schön war? Fichte würde uns auf die transscendentale Ein=
heit verweisen. Aber was geht uns die metaphysische Beglau=
bigung an? Sie entscheidet nichts über den ästhetischen Werth
und überdies wird der ganze Fragepunkt dadurch nur ver=
rückt. Wenn aber das Schöne einen objectiven, von unserer
Willkür unabhängigen Werth behaupten soll, und kein an=
deres Mittel für dasselbe vorhanden ist, als die Formen,
um es erscheinen zu lassen, der Geist aber an sich weder
verständlich gemacht noch anders als durch Formen objec=
tivirt werden kann, so müssen sich an den Formen und sonst
nirgends die Kriterien auffinden lassen für das was absolut
wohlgefällig und mißfällig ist und das, was absolut wohlge=
fällig ist, hat von selbst diesen Geist. Er ist nicht hinter der
Form zu suchen, den Sinnen unsichtbar, der geistigen Auf=
fassung unaussprechlich, wie die Seele hinter dem Körper,
sondern diese Formen sind eben selbst der Geist in sinnen=
fälliger Erscheinung und der Geist ist als schöner eben nichts
anderes als geformter.

Dies führt uns auf den letzten oben angedeuteten Punkt,
was es mit dieser ganzen Trennung in Geist und Buch=
stabe für eine Bewandtniß habe, und ob man daraus
einen Aufschluß über das Schöne erhalten könne. Die letzten
Gründe für das Schöne sind, wie wir gesehen haben, Fichten
metaphysischer Art, und die Aufsuchung des transscenden=
talen Standpunktes, welcher in der Einheit des erkennenden
und praktischen Triebes besteht, bildete den Inhalt des zweiten
Briefes. Indem aber der transscendentale Standpunkt durch
den Künstler zum gemeinen gemacht wird, also vermittelst
des praktischen Triebes das, was der Künstler innerlich er=
schaute, im Kunstwerk als Object des Erkennens hingestellt

wird, scheidet sich das Schöne in Geist und Buchstabe. Dieser Unterschied gehört mithin nach Fichte dem Schönen nicht an und für sich, d. h. nicht auf dem transscendentalen Standpunkte, sondern indem es auf der Mittheilung beruht und ein Werk der Kunst ist. Also nur das Kunstschöne zerfällt in Geist und Buchstabe, nur das Schöne in der Mittheilung erhält diesen doppelten Gesichtspunkt. Mit dem Geiste ragt es in die innere Welt des schaffenden Geistes hinein, mit den Formen in die reale Sinnenwelt; und wo der Ursprung des Geistes zu finden ist, dort hat man auch seine Werthmessung zu suchen. Aus der Verborgenheit des inneren Subjectes holt der Künstler seine Schätze, die er in den Formen wiedererkennen oder hindurchscheinen läßt. Daher ist auch das Naturschöne mit keinem Worte erwähnt; bei diesem scheint, wie der Ursprung des Geistes, so die Schönheit des Werkes zu fehlen. Und mit Recht. Denn der ganze subjective Standpunkt läßt es der Consequenz nach gar nicht zu, den Geist anderswo als in dem schaffenden Künstler zu suchen. Die ganze Schönheit des Geistes bei Fichte besteht darin, daß sie sagen kann: ich bin im schaffenden Künstler geboren, nicht: Betrachtet meine objectiven Verhältnisse! Aus diesen Formen werdet ihr den Werth derselben erkennen und mit dem Werthe habt ihr auch ihren Geist erkannt.

Wenn das Schöne nicht objectiven Werth hat, welcher aus objectiven an absolute Normen gebundenen Verhältnissen stammt, was ist es dann Anderes als subjective Willkür, trotz aller Reden von der vernünftigen allgemeinen Seite des Menschen, von der Erhebung durch das Kunstwerk in eine höhere Welt? Soll dies Wahrheit und nicht vergebliche Rede sein, so kann nicht das Subject die Quelle des Schönen

sein, sondern objective Verhältnisse, welche bei klarer Auf=
faſſung die Billigung oder Verwerfung jedes Betrachters
unmittelbar herausfordern; es kann überhaupt nicht der Ur=
ſprung beſtimmend wirken auf den Werth des Schönen, ſon=
dern abſolute, für die mannigfachſten concreten Verhältniſſe
giltige Normen. Der Geiſt iſt eben nichts anderes, als der
aus objectiven Verhältniſſen fließende Werth; und dieſe For=
men enthalten von ſelbſt ihren Geiſt in ſich wie das Licht
ſeine Wärme. Warum alſo die ganze Trennung in Buch=
ſtabe und Geiſt, als zwei entgegengeſetzte? Sie geſchah der
Ableitung zu Liebe und zwar einer, welche dem Fichte'ſchen
Subjectivismus angemeſſen iſt, nicht dem ruhigen Nachſinnen
über das objective Weſen des Schönen ſelbſt. Sie iſt ein
Reſultat Fichte'ſcher Deduction, ohne im Weſen des Schö=
nen ſelbſt begründet zu ſein. Von der Wirkung des Schönen
führte ihn ſeine Deduction zur Kunſt und von der Kunſt in
das Innere des ſchaffenden Künſtlers, um von da aus rück=
wärtsſchauend ſich die ganze äſthetiſche Welt zu conſtruiren.
Dadurch war aber der Faden der Unterſuchung in eine ganz
andere Richtung gelenkt worden. Statt des reinen äſthetiſchen
Intereſſes trat das hiſtoriſche ein und es wird uns dabei zu
Muthe, als ſollten wir, um den Lauf eines Flußes kennen
zu lernen, immer nur deſſen Quelle betrachten. Aus dieſer
hiſtoriſchen Betrachtung des Urſprungs entſteht ihm der Geiſt,
aus der objectiven in der Verkörperung die Form. Je mehr
jener Gewicht erlangt, deſto weniger Werth beſitzt dieſe.
Aber jener Urſprung geht das Schöne ſelbſt gar nichts an,
daher die ganze Trennung bei Fichte in Buchſtabe und Geiſt
nicht geeignet iſt, uns über das Weſen des Schönen Auf=
ſchluß zu geben.

Die Fichte'sche Art und Weise der Untersuchung des Schönen erinnert ihrer Bezeichnung nach an einen Lessing'schen Ausspruch. Fichte war nämlich schon in Schulpforta mit seines großen von ihm verehrten Landsmannes theologischen Streitschriften sehr wohl bekannt*). Nun heißt das dritte von den Axiomata Lessing's wider Göze**): „Der Buchstabe ist nicht der Geist und die Bibel ist nicht die Religion."

Dieses Axiom bezieht sich offenbar auf den Gegensatz der Religion überhaupt und einer positiven. Der gleiche Gegensatz kann aber auch zwischen dem Schönen an sich und dem Schönen in realer Erscheinung als Kunst- oder Naturproduct aufgestellt werden. Bei Fichte nun scheinen in gleicher Weise Geist und Buchstabe einander gegenüberzutreten. Indem aber durch das Bild der Seele und des Leibes an die körperliche Gestalt oder an Umrisse gedacht wurde, ist der Gegensatz ein anderer geworden. Die Umrisse, welche dasjenige Element sind, mit dem die Plastik formt oder die Natur in der Thier- und Menschengestalt, sind allerdings Symbole für Gedanken, dem Elemente der Poesie, aber Umrisse und Gedanken an sich, d. h. in ihrer Vereinzelung, sind vollkommen gleichgiltig und unterliegen nur der theoretischen Betrachtung; damit sie Gegenstand der praktischen Werthschätzung werden können, müssen sie in eine gewisse Art der Verbindung mit einander treten, d. h. sie müssen geformt sein. Plastische Formen bedeuten allerdings etwas, nämlich Gedanken, aber dies, daß sie etwas bedeuten, gibt

---

*) Leben und literarischer Briefwechsel von J. H. Fichte. 2. Aufl. I. p. 16.
**) Ges. Schriften, herausgegeben von Lachmann X. 141.

ihnen noch keinen Anspruch auf Werth. Wenn nun Fichte dieses ganz eigenthümliche Verhältniß auf das Kunstschöne überhaupt übertrug, blieb ihm nach Verwerfung des einen Factors, nämlich der Form oder des Buchstabens, nichts übrig als der Geist, um den Werth des Schönen zu begründen. Wenn aber das Schöne überhaupt nur durch Aufsuchung der elementaren Verhältnisse, d. h. die Art der Verbindung an sich gleichgiltiger Elemente, nicht durch die Symbolik eines bestimmten Elementes, des plastischen, ergründet werden kann, so ist die Trennung und der Gegensatz zwischen Buchstabe und Geist ganz ungerechtfertigt. Aber die Verwechslung zwischen plastischen Formen und Formen überhaupt dauerte fort, der Gegensatz zwischen Geist und Buchstabe, der erstere als das allein Entscheidende für den Werth des Schönen, der letztere als zufällige Hülle, wurde mit veränderter Terminologie von Hegel weitläufig systematisirt und in neueren Büchern wiederholt. Fichte war somit der Urheber für die eigenthümliche Art, wie man in der neueren Aesthetik den Werth des Schönen zu begründen suchte, und für uns war es deßhalb wohl nothwendig, bei ihm länger zu verweilen. Daß aber der Geist in dieser Trennung und in diesem Gegensatze zur Form nichts mehr als stoffliches Interesse übrig behielt oder an ethischen Werth sich anlehnte, glauben wir nachgewiesen zu haben. Dadurch ist dem Schönen theils sein selbstständiger Charakter, theils sein Boden überhaupt entrissen.

Wenn Friedrich v. Schlegel sagt*), daß Fichte das wesentliche Princip und die innere Idee der kritischen

---

*) S. W. Wien 1846. V. p. 154.

Philosophie in ein helleres Licht gesetzt habe, daß es nicht
an einem sicheren Fundament fehle, den Kant'schen Grund=
riß der praktischen Philosophie zu berichtigen, zu ergänzen
und auszuführen; und daß über die Möglichkeit eines fest=
begründeten Systems der Erkenntniß des Schönen, sowie
der praktischen Kunstwissenschaft kein gegründeter Zweifel mehr
Statt finde, — so ist es von Seite Fried. Schlegel's bei
bei dieser Möglichkeit geblieben. Denn durch ihn ist kein zu=
sammenhängendes, systematisirtes Ganze gegeben worden,
sondern gelegentlich bei Besprechung der verschiedenartigsten
Gegenstände nur Winke und Andeutungen über das Schöne
und die Kunst. Diese Winke müssen aber beachtet werden,
weil Schlegel als Chorführer der Romantiker angesehen wird
und die sogenannte romantische Schule durch ihn noch am
meisten ihren wissenschaftlichen Ausdruck gefunden hat.

Im Folgenden ist nicht die Absicht vorhanden, die ästhe=
tischen Ansichten Schlegel's zu verfolgen, wie sie sich den
verschiedenen Phasen des Idealismus anbequemten, sondern
nur das herauszuheben, was für unsern Zweck am wich=
tigsten zu sein scheint*).

Schlegel unterscheidet das Interessante oder subjective
Schöne vom objectiv Schönen. Interessant ist jedes originelle
Dichtungswesen oder neu Hervorgebrachte, welches ein grö=
ßeres Maß von intellectuellem Gehalt oder von künstlerischer
Wirksamkeit enthält, als das empfangende Individuum bereits
besitzt**). Daraus folgt, daß das Interessante oder subjectiv

---

*) Ausführlicheres siehe in Zimmermann's Gesch. d. Aesthetik
p. 583 — 602.

**) V. p. 55.

Schöne eigentlich ein relativ Schönes ist. Es gibt daher auch kein höchstes Interessantes, wie es ein höchstes Schönes nach dem objectiven Begriff und der wesentlichen Idee desselben gibt*). In der Kunst ist ein Streben nach diesem allerhöchsten und je öfter dasselbe getäuscht wird, desto heftiger wird es. Um aber zum objectiven Schönen zu gelangen, muß von selbst ein Uebermaß des Individuellen vorhanden sein. Aber das unbedingt Höchste kann nie ganz erreicht werden. Das äußerste, was die strebende Kraft vermag, ist: sich diesem unerreichbaren Ziele immer mehr und mehr zu nähern**). — Das objective Schöne im weitesten Sinne, in welchem es das Erhabene, das Schöne im engeren Sinne und das Reizende zugleich mit umfaßt, ist die angenehme sinnliche Erscheinung des Guten, d. h. des Göttlichen oder Ewigen***); und wie das Schöne die angenehme und geistig reizende Erscheinung des Guten und Göttlichen, so ist das Häßliche die unangenehme und widrige Erscheinung des innerlich Schlechten †). Das Schöne im engeren Sinne ist die Erscheinung einer endlichen aber lebendigen Mannigfaltigkeit in einer bedingten und organisch geordneten und gegliederten Einheit; das Erhabene hingegen ist die Erscheinung des Unendlichen, unendlicher Fülle oder unendlicher Harmonie und hat einen doppelten Gegensatz: unendlichen Mangel und unendliche Disharmonie. Das Schöne ist also eine Harmonie von Fülle und Kraft, ohne dabei den absoluten Grad eines unendlichen Maßes vorauszusetzen. Wo dagegen Kraft und Fülle in einem

---

*) p. 56.

**) p. 58.

***) p. 90.

†) p. 112.

relativ sehr geringen Grade vorhanden sind, dort ist das Häßliche. Häßlichkeit oder die „dürftige Verwirrung" ist also dem eigentlich Schönen im engeren Sinne entgegengesetzt*). Daraus folgt aber, daß jedes Häßliche noch immer ein Schönes, wenn auch in sehr geringem Grade, enthält.

Aber diese ganze Harmonie zwischen Fülle und Kraft, welche das Objective im Kunstwerk ausmachen soll, ist nichts anderes als die subjective Harmonie zwischen Form- und Stofftrieb, wie Schiller dieses Verhältniß bezeichnete. Die Kraft ist der darstellende Formtrieb, die Fülle der Stofftrieb. Somit reducirt sich diese Schlegel'sche Begriffsbestimmung des Schönen auf die Harmonie von Seelenvermögen**). Das Verhältniß von Kraft und Fülle zu den Begriffen des Schönen, Interessanten und Häßlichen ist nun in der Weise zu denken, daß, wenn beide vorhanden sind, und zwar in einem gewissen hohen Grade, das Schöne sich zeigt; wenn sie in einem relativ sehr geringen Grade vorhanden sind, das Häßliche; wenn aber das eine von beiden vorwaltet, das Interessante sich offenbart. Daraus ist ersichtlich, daß jede individuelle Erscheinung hinsichtlich ihres ästhetischen Werthes eine relative Giltigkeit erhält und da das Schöne überhaupt nur in dieser Weise zur Erscheinung kommt***), so hat sich die universelle Stimmung in lauter individuelle aufgelöst, deren Totalität die ästhetische Totalstimmung ergibt. Aber bei dieser relativen Anerkennung des Werthes eines jeden Productes ist die Ausführung hinter der Anlage zurück-

---

*) p. 113.

**) S. Zimmermann a. a. O. p. 586. Vgl. K. Tomaschek, Schiller in seinem Verhältnisse zur Wissenschaft p. 292.

***) S. Zimmermann a. a. O. p. 589.

geblieben. Die Anlage zeigt wohl die Harmonie als Werth=
messer, die Ausführung, und zwar am auffälligsten beim
Interessanten die Fülle und die Kraft als solche, durch welche
einem Producte das Epitheton „schön" ertheilt werden kann.
Dadurch ist nun freilich dem Subjectivismus Thür und Thor
geöffnet. Denn das Objective ist zwar theoretisch als Ziel
für die Beurtheilung hingestellt worden, in der That aber
begnügt er sich mit jeder wirklichen, beliebigen Erscheinung.
Andererseits ergab sich aber daraus für Schlegel die Aner=
kennung der Literaturen aller Völker. Diese Anerkennung
konnte auch dann noch beibehalten werden, als Schelling
die Einheit des Geistes mit der Sinnlichkeit als ästhetisch
bestimmte, dann aber diese bestimmten Gegensätze bei wei=
terer Abstraction als Gegensätze überhaupt sich dachte, im
Absoluten hypostasirte und die Kunst als das Gegenbild des
Absoluten bezeichnete. Denn Schlegel suchte und fand es
zuerst in der Geschichte, und seine Ansicht erhielt dadurch
eine andere Färbung. Ebenso als Schelling bei der Be=
trachtung der Gegensätze, welche uns im Werden der Natur
interessiren, in deren Harmonie das Schöne faud, aber bei
weiterer Abstraction von bestimmten Gegensätzen in das Ab=
solute, als die Harmonie aller Gegensätze es verlegte und
nun für jene als ästhetisch angegebene Einheit des Geistes
mit der Sinnlichkeit die Natur als die unmittelbarste Er=
scheinung des Geistes im Sinnlichen bezeichnete, ging die
romantische Schule zur Naturvergötterung über. Das im
Werden als schaffend gedachte ist der Geist, seine Erschei=
nung die Sinnlichkeit, die Schönheit selbst ist der Erschei=
nungsproceß. Dieser Erscheinungsproceß wird überall mit der
Entwicklung von Kraft und Fülle verbunden sein. Aber in

welchem Verhältniſſe ſteht der Geiſt zu ſeiner wirklichen Er=
ſcheinung in der Sinnlichkeit, ſei es im Werke der Kunſt
oder Natur? Dieſes offenbart jenen und wird zu deſſen
Symbol. Dadurch ſind wir zu jenem Theil der Philoſophie
des Lebens geführt*), in welchem er die ganze Aeſthetik eine
Symbolik nennt.

Nach der zwölften Vorleſung**) iſt es ein doppelter
Geſichtspunkt der Betrachtung, dem das Kunſtwerk unter=
liegt: nach ſeiner Bedeutung und ſeiner Form. Die Schön=
heit der Form iſt nicht immer Zweck der bildenden Kunſt,
ſondern nur bedingungsweiſe und mit Rückſicht auf die an=
deren gegebenen Verhältniſſe und Beziehungen des Aus=
druckes, des Charakters und der äußeren Beſtimmung und
ganzen Bedeutung. Immer aber und überall iſt es ein Ge=
danke, die Idee des Gegenſtandes oder der Geſtalt, als der
innere Sinn und die innere Bedeutung deſſelben, worin das
Weſentlichſte des Kunſtwerkes beſteht und worauf die Kunſt
ausgeht; oder mit anderen Worten, alle Kunſt iſt ſymboliſch.
Und zwar gilt dies nicht blos von der bildenden Kunſt, ſon=
dern auch von aller anderen, höheren Kunſt, das Medium
ihrer Darſtellung mag nun das Bild ſein, oder der Ton
wie in der Muſik, oder auch das Wort wie in der Poeſie.
Als eine Idee aber muß dieſes Innere, was die Kunſt
äußerlich zu machen ſtrebt, und was in ihr äußerlich her=
vortreten ſoll, wohl immer betrachtet werden***).

---

*) S. W. Bb. XII.

**) p. 290 f.

***) Mit dieſer bedingungsweiſen Geltung der Form kann man An=
ſichten von neueren Aeſthetikern vergleichen, z. B. M. Carriere,
Aeſthetik I. p. 83: „Das Schöne iſt die Idee, welche ganz in

Diese Auffassung Schlegel's hat für den ersten Anblick
den Vorzug der Verständlichkeit, das Verhältniß von Form
und Bedeutung hat einen klaren und bestimmten Ausdruck
erhalten, indem die erstere Symbol einer Idee ist, und für
die Romantiker war dadurch selbst die populärste Fassung
gewonnen. Schlegel sucht nun diese Doppelseite ästhetischer
Betrachtung in den einzelnen Künsten durchzuführen. Die
Form ist dabei Mittel, das Medium der Darstellung, Zweck
aber die durch das Medium hindurchscheinende, eigenthüm=
liche, und zwar mehr oder weniger originelle Idee, welche
dem Werke die Bedeutung verleiht. Die letztere ist es
eigentlich, von welcher der Werth des Kunstwerkes abhängen
soll, welche aber, da sie an sich der theoretischen Betrach=
tung unterliegt, ästhetisch gleichgiltig ist oder durch ihren
ethischen Inhalt wohl einen Werth, aber keinen specifisch=
ästhetischen besitzt. Wo aber dieser bestimmte, sei es stoffliche
oder ethische Inhalt der Idee nicht nachweisbar ist, bleibt
für die symbolische Bedeutung nichts übrig als eine willkür=
liche Deutung oder vielmehr Deutelei. Dies gilt namentlich
von der Musik, bei welcher der Künstler nicht sowohl das
unmittelbare, einfache, einzelne Gefühl selbst, welches als
der bloße Schrei der Leidenschaft, nicht mehr künstlerisch sein
würde, als vielmehr die Idee dieses Gefühles im Sinne haben
soll; und was den Gegenstand ihrer Darstellung bilden soll,
sei der innere Lebenspuls. Es wäre wohl gänzlich unfruchtbar,

---

der Erscheinung gegenwärtig, die Erscheinung, welche ganz von
der Idee gebildet und durchleuchtet ist." p. 65: „Das Schöne
ist ein Organisches, es besteht in der Durchdringung des Inneren
und Aeußeren, des geistig Einen und des sinnlich Mannigfaltigen."

das Steigen und Sinken im Lebenspulse und in der Musik
weiter zu verfolgen.

Die zwei Pole, welche das Schöne constituiren sollen
und bei Fichte Geist und Buchstabe genannt worden sind,
erscheinen auch bei Schlegel wieder als Bedeutung und Form.
Bei beiden sind die Form, der Buchstabe, die Erscheinung
nothwendige Mittel, aber für die Bestimmung des Werthes
gänzlich unwichtig, welcher letztere somit in dem zweiten
Factor, dem Geiste, der Bedeutung, der Idee, zu suchen
ist. Beide zeigen auch darin Verwandtschaft, daß Fichte von
dem Bilde des Leibes und der Seele zu den doppelten Principien, welche das Schöne constituiren sollen, gelangt, Schlegel
ausgesprochenermaßen an die Sculptur anknüpft, um mit der
Aesthetik als Symbolik zu endigen, daß also plastische Formen auf Formen des Schönen überhaupt übertragen werden.
Dabei wird der Schein erzeugt, als sei es ein Vorzug, den
sich jeder zuschreiben könne, über die „todte" Form hinaus-
zugehen und in die Tiefe des Geistes zu graben, als sollte
durch den Umstand allein, daß ein Werk etwas bedeute und
eine Idee symbolisire, in naiver Weise der Nachweis des
ästhetischen Werthes implicite schon darin enthalten sein.

Die theoretische Einheit, aus welcher Fichte das Schöne
abzuleiten suchte, ist auch bei Schelling der Grundbegriff;
nur daß dieser nicht wie Fichte auf subjectivem Wege eine
transcendentale, sondern nach den Anschauungen des objectiven Idealismus eine absolute Einheit als das wahre Wesen
des Schönen gelten lassen wollte. Schönheit besteht in der
Einheit des Endlichen und Unendlichen. Die zwei subjectiven
Seiten, welche Fichte in einer dritten vereinigte, sind hier
zwei verschiedene objective Welten, die, obwohl eine jede von

entgegengesetzter Beschaffenheit, in der ästhetischen Welt ver=
mittelt und die eine in die andere hineingebildet wird. Die
eine Welt ist die der Vernunft und Freiheit, die andere die
der Natur und Nothwendigkeit. Indem die Kunst diese Welten
vereinigt, vollkommene Ineinsbildung des Realen und Idealen
ist, ist sie ganz absolut*), und indem sie dem Philosophen
eine nothwendige, aus dem Absoluten unmittelbar ausflie=
ßende Erscheinung ist, hat sie nur, sofern sie als solche dar=
gethan und bewiesen werden kann, Realität für ihn**).

Also auch bei Schelling concentrirt sich das größte In=
teresse wie bei Fichte um den Nachweis, woher sich das
Schöne ableiten lasse. Bei Fichte ist es das allgemeine Sub=
ject, bei Schelling das objective Absolute, welches als der
Ursprung des Schönen angegeben wird. Gelingt es, die Her=
kunft zu erweisen, so glaubt man, das Wesen des Schönen
begriffen und seinen Werth erkannt zu haben. Man versenkt
sich nun in die Tiefe dieses objectiven Absoluten, um zu er=
forschen, was es sei, wie es beides, Stoff und Form, in
geschlossener Einheit enthalte, wie es das Ideale und Reale
in der Identität und als solche die Totalität sei.

Die Schönheit, kann man sagen***), ist überall gesetzt,
wo Licht und Materie, Ideales und Reales sich berühren.
Die Schönheit ist weder blos das Allgemeine oder Ideale
(dies = Wahrheit) noch das blos Reale (dies im Handeln),
also sie ist nur die vollkommene Durchdringung oder Ineins=
bildung beider. Schönheit ist da gesetzt, wo das Besondere

---

*) Vorles. über d. Meth. des ak. St. S. W. I. 5. p. 348.
**) A. a. O. p. 345.
***) S. Philos. d. Kunst. Werke I. 5. p. 382.

(Reale) seinem Begriff ſo angemeſſen iſt, daß dieſer ſelbſt, als Unendliches, eintritt in das Endliche und in concreto angeſchaut wird. Hiedurch wird das Reale, indem er (der Begriff) erſcheint, dem Urbild, der Idee wahrhaft ähnlich und gleich, wo eben dieſes Allgemeine und Beſondere in abſoluter Identität iſt. Das Rationale wird als Rationales zugleich ein Erſcheinendes, Sinnliches. — Auf dieſe Weiſe gehören alſo zur Schönheit zwei Factoren, das Ideale und Reale oder mit anderer Bezeichnung Idee und Erſcheinung, Rationales, Sinnliches, deren Durchdringung, Ineinsbil= dung ſie ſelbſt iſt. Es iſt nun zu zeigen, ob die Schönheit wirklich auf dieſer Durchdringung beruhe, oder ob einer der zwei Factoren an dem Werthe, welcher beiden nur in ihrem Zuſammen zukommen ſoll, einen größeren Antheil hat.

Indem die Kunſt die Darſtellung des abſolut, des an ſich Schönen durch beſondere ſchöne Dinge iſt, alſo Dar= ſtellung des Abſoluten in Begrenzung ohne Aufhebung des Abſoluten, ſo iſt dieſer Widerſpruch nur in den Ideen der Götter gelöſt, die ſelbſt wieder keine unabhängige, wahrhaft objective Exiſtenz haben können, als in der vollkommenen Aus= bildung zu einer eigenen Welt und zu einem Ganzen der Dichtung, welches Mythologie heißt. Mithin iſt die Mytho= logie das Ganze der Götterdichtungen, die nothwendige Be= dingung und der erſte Stoff aller Kunſt*). Götter ſind nach p. 390 Ineinsbildungen des Allgemeinen und Beſonderen, die an ſich ſelbſt betrachtet Ideen, d. h. Bilder des Gött= lichen ſind: als real betrachtet. Ideen heißen die beſonderen Dinge, ſofern ſie in ihrer Beſonderheit abſolut, ſofern ſie

---

*) A. a. O. p. 405.

also als Besondere zugleich Universa sind. Jede Idee ist gleich dem Universum in der Gestalt des Besonderen. Aber eben deßwegen ist sie nicht als dieses besondere real. Das Reale ist immer nur das Universum. Im Absoluten sind alle besonderen Dinge nur dadurch wahrhaft geschieden und wahrhaft eins, daß jedes für sich das Universum, jedes das absolute Ganze ist*). — Also ist schließlich nur das Absolute der wahrhafte und eigentliche Stoff aller Kunst, aber nicht in seiner Totalität, sondern in seiner Geschiedenheit.

Dieser Stoff ist zugleich das Allgemeine, dem das Besondere oder die Form entgegensteht. Indem Schelling zur Construction des Besonderen oder der Form der Kunst übergeht**), wirft er sich gleich zu Anfang die Frage auf, wie jener allgemeine Stoff übergehe in die besondere Form und Materie des besonderen Kunstwerkes werde? d. h. er frägt auch hier nach der Herkunft und dem Ursprunge der Formen, wodurch wir wohl ihren Zusammenhang mit dem Absoluten erfahren, also in theoretischer Betrachtung von ihrem Sein Kunde erhalten, aber keineswegs, inwiefern aus ihrer Betrachtung für uns ein Seinsollen daraus erwächst. Daher er nun auf die Untersuchung der Idee des Menschen geräth, des schaffenden Künstlers, des Genies, also das die Formen Producirende, nicht diese selbst. Sein Standpunct ist nur objectiv, so lange er beim Stoffe verweilt, für die weitere Entwicklung in der Construction der Form ist die subjective Seite des schaffenden Künstlers maßgebend. Die Form ist die Einbildung des Unendlichen in das Endliche

---

*) p. 389.
**) p. 458.

und indem die Kunst sie als besondere Form wieder aufnimmt, wird die Materie zum Leib oder Symbol*). Die besonderen Formen sind als solche ohne Wesenheit, bloße Formen, die im Absoluten nicht anders sein können, als inwiefern sie als besondere wieder das ganze Wesen des Absoluten in sich aufnehmen. Die Formen sind nur Formen der Dinge, wie sie an sich, oder wie sie im Absoluten sind**).

Also ist es das Absolute im Allgemeinen und die Urbilder oder Ideen insbesondere, auf welche sich aller Werth des Schönen stützen müßte, sobald man überhaupt nach ihm fragen wollte. Nicht durch seine Erscheinung ist etwas schön, sondern durch das was es ausdrückt. Wenn also in den Vorlesungen über die Methode des akademischen Studiums***) als die Idee des Schönen das in der concreten und abgebildeten Welt erscheinende Urbildliche angegeben wird, so kann kein Zweifel sein, daß als der werthgebende Factor die stoffliche Seite, nicht die Form gedacht wird. Die Formen sind nur die lose Hülle des allen Werth bestimmenden, hinter ihr erscheinenden oder durch sie hindurchscheinenden Absoluten. Gleichwohl erregt die Verbindung des Besonderen und Allgemeinen, des Concreten und Absoluten, welches sich im Schönen durchdringen und zur Einheit kommen soll, den Schein eines durch die Harmonie seiner Glieder wohlgefälligen Verhältnisses. Aber auch nur den Schein. In der That wird das Absolute und seine Urbilder als das werthgebende Glied gedacht. Auch ist weder eine absolute Selbstständigkeit

---

*) p. 481.
**) Vergl. p. 388.
***) S. W. I. 5. p. 351.

noch Gleichartigkeit der einzelnen Glieder vorhanden, zwei nothwendige Merkmale für die Glieder eines Verhältnisses, wenn dasselbe als harmonisches gefallen soll. Wenn also in der Einheit der Idee und Erscheinung, des Concreten und Allgemeinen das Harmonische implicite vorausgesetzt ist, so ist es blos erborgt für ein Verhältniß, welchem keine Harmonie zukommt. Das Aesthetische in Schelling's Anschauung ist ein Darlehen, welches für ein wirkliches Eigenthum angesehen wird. Die Einheit des Inhaltes mit der Form ist eine metaphysische, welcher die ästhetische untergeschoben wird; und aus dieser Unterschiebung ist der Beifall zu erklären, welchen die wahrgenommene Uebereinstimmung zwischen Inhalt und Form hervorruft. Freilich ist dabei übersehen, ob die Glieder so geartet sind, daß sie wirklich ein ästhetisches Verhältniß zu bilden vermögen.

Schelling's Einheit des Idealen und Realen fand ihr Spiegelbild in Hegel's Idee in begrenzter Erscheinung. Indem der letztere den Grundgedanken Schelling's mit veränderter Terminologie zum System ausbaute, war zunächst derselbe Schein der Harmonie vorhanden, welcher diesem Verhältnisse von Idee und Erscheinung innewohnen sollte, während es in der That die Idee allein ist, welche den Werth des Schönen begründet. Nur wird der letztere Gedanke von Hegel entschiedener vertreten und offener ausgesprochen. Man könnte sich freilich zu der Frage berechtigt glauben: wie verhält sich Hegel zu Fichte und Schelling, und weiter zu Kant, da die Lehre desselben Resultat aller vorangegangen sein will? Liegen auch in der Aesthetik seine Vorgänger als Momente in seiner Ansicht reservirt? oder ist sie nur die systematische Ausführung der Grundanschauung Schelling's? Wenn das

letztere der Fall ist, so würde die Frage nur auf die Philo=
sophie überhaupt, nicht auf eine einzelne Disciplin, die
Aesthetik, gerichtet werden dürfen, um ihre Giltigkeit zu be=
haupten. Fast scheint es nicht so. Denn die Aesthetik ist in
Hegel's System ein ganz bestimmtes Glied der geschlossenen
Kette, ein bestimmtes Stück auf der Stufenleiter zur abso=
luten Idee, wie ein Theil eines Organismus, vielleicht besser
gesagt, wie eine bestimmte organische Stufe einer zeitlich
immer höher entwickelten organischen Welt. Unter den gege=
benen Naturproducten findet nun freilich factisch eine Stufen=
reihe vom Niederen zum Höheren Statt. Das, was das
Höhere zum Höheren macht, der qualitative Unterschied
z. B. des Thieres und der Pflanze, ist Hegeln eine Modi=
fication der Idee, welche in dem einen mehr, in dem anderen
minder ausgeprägt erscheint. Aber dadurch ist der Unterschied
zugleich ein quantitativer geworden. Die Idee ist der
Maßstab für diese bestimmte Stufe, diese selbst ein Moment
jener Was man dadurch erreichte, war die Einheit in der
ganzen Weltanschauung. Aber das Streben nach Einheit
machte die Idee zur Voraussetzung der Untersuchung, nicht
zum Resultat. Das Gegebene ist ihm nicht dazu da, daß er
die Idee darin finde, sondern die Idee ist ihm dazu da, daß
er das Gegebene darin binde. — Die factisch bestehende,
durch qualitative Unterschiede gehobene graduelle Steigerung
in den Wesen der Natur, wenn sie auch von der Hegel'schen
Gradation im Einzelnen abweichen sollte, ist nun von ihm
auch auf alle Richtungen des mit Bewußtsein begabten We=
sens übertragen und so steigt er vom subjectiven zum objec=
tiven, vom objectiven zum absoluten Geiste empor, dessen
höchste Richtung in der Philosophie ihm die absolute Idee

selbst entgegengeführt. Richtungen von ganz disparater Natur
werden dabei Glieder einer Kette und Stufen zur absoluten
Idee, wobei es natürlich nicht ausbleibt, daß die Verbindung
oft auf gewaltsame Weise hergestellt wird. Es ist eben eine
Eigenheit des Monismus, dort den Zusammenhang gewaltsam
herbeizuführen, wo keiner vorhanden ist. Diese Steigerung
und allmähliche Erhöhung bis zur absoluten Idee ist aber
nicht blos der leitende Faden in der Verknüpfung der verschiedenen Wissenschaften, sie ist auch innerhalb der einzelnen
Wissenschaft in der Anordnung ihrer Theile maßgebend. Dadurch lebt nun die Wissenschaft nicht mehr ihr eigenes Leben,
sondern befindet sich wie eine Treibpflanze auf unheimischem
Boden. Man kann vom Inhalte einer jeden einzelnen Disciplin in Hegel's System sagen, was Göthe vom menschlichen Geiste sagte, daß er dressiret und in spanische Stie-
feln eingeschnürt wird.

Auf der niedrigsten Stufe des absoluten Geistes steht
die Kunst und die Aesthetik ist die Wissenschaft vom Kunstschönen. Auch hier gruppirt sich das Interesse nicht um die
einzelnen Künste und Kunstformen als solche nach ihrer verschiedenen Natur, sondern um die Gradation dieser Theile.
Also nicht die Eigenthümlichkeit jedes einzelnen Gebietes
wird gewürdigt, sondern der Faden eines vorgefaßten Zusammenhanges wird herausgesucht. Um den Schein zu mehren,
als sei die Gradation durch ein qualitatives Merkmal einer
bestimmten Stufe geboten, lehnt er sich an die Geschichte,
seine Kunsttheorie wird Historismus. Den einzelnen Kunstformen sollen Epochen in der Geschichte entsprechen, ebenso
den einzelnen Künsten. Es ist bekannt, welche Gewaltsam-
keiten dadurch der Geschichte angethan wurden und wie ande-

rerseits weder die einzelnen Theile der Aesthetik noch deren Entwicklung in der Geschichte zu ihrem Rechte kommen konnten.

Der eigentliche Gegenstand der Aesthetik ist, wie bemerkt, die Kunstschönheit „als die der Idee des Schönen allein gemäße Realität"*). Das in sich vollkommene Schöne soll nämlich nur das Ideal sein, die Natur dagegen das Unvollkommene. Hierbei ist unter Ideal natürlich nur das subjectiv = künstlerische, nicht das objective gemeint, welches sich in Kunst und Natur findet. Aber in der Endlichkeit des Daseins und dessen Beschränktheit und äußerlichen Nothwendigkeit vermag der Geist den unmittelbaren Anblick und Genuß seiner wahren Freiheit nicht wiederzufinden und ist daher genöthigt, das Bedürfniß dieser Freiheit auf einem anderen höheren Boden zu realisiren**). Dieser Boden ist die Kunst und ihre Wirklichkeit das Ideal.

Die Idee findet sich überall, sowohl im Wahren als im Guten und im Schönen; denn sie ist die Totalität. Sagt man also, die Schönheit sei Idee, so ist Schönheit und Wahrheit insofern dasselbe. Wodurch unterscheiden sie sich nun? Die Idee ist schön, wenn der Begriff in Einheit bleibt mit seiner äußeren Erscheinung***). Fragen wir nun, um das Schöne als Werthvolles von dem blos Gleichgiltigen zu trennen, woher ihm denn sein Werth komme, dadurch daß Idee und Erscheinung in Harmonie sind, oder daß die Idee ihm innewohnt, so gibt uns darüber der §. 556 der Encyklopädie†) den bündigsten Aufschluß. Daselbst heißt es nämlich:

---

*) S. W. X. 1. p. 180.

**) A. a. O. p. 192.

***) A. a. O. p. 141.

†) S. W. VII. 2. p. 441.

das Ideal sei die aus dem subjectiven Geiste geborene concrete Gestalt, in welcher die natürliche Unmittelbarkeit nur
Zeichen der Idee ist und zu deren Ausdruck durch den
einbildenden Geist so verklärt erscheint, daß die Gestalt sonst
nichts Anderes an ihr zeigt. Diese Gestalt sei die der
Schönheit.

Wenn also die wahrhaft schöne Gestalt nur die Idee
und nichts Anderes als diese ausdrückt, so hat sie ästhetischen
Werth; und dieser ist somit allein durch das Innewohnen
der Idee in den Formen bedingt. Aber die Form bleibt da-
neben doch als nothwendiges Mittel bestehen, wie bei Fichte;
auch gehört sie, gerade wie bei Fichte, zu den technischen
und mechanischen Aeußerlichkeiten, als sei die Wahl der Formen eine ganz gleichgiltige Sache, wenn nur die Idee zum
Ausdruck gelange*). Die Kunst bedarf der gegebenen Naturformen nach deren Bedeutung für den Ausdruck des geistigen
Gehaltes**). Der geistige Gehalt ist eben die Idee, die
Formen die zufällige Hülle, welche den Gehalt hindurchscheinen lassen. Daß die Idee oder der Gehalt das eigentlich
werthgebende sei, erhellt noch mehr aus der Art, wie Hegel
zwischen der classischen, symbolischen und romantischen Kunst
unterscheidet. Die Schönheit in der classischen Kunst ist
die Versöhnung der Idee und ihrer Gestaltung in gesche-
hener Vollendung, aber ohne die Tiefe und ohne das Bewußtsein seines Gegensatzes gegen das an-und-für-sich-seiende
Wesen; die symbolische oder die Kunst der Erhabenheit
ist diejenige, worin die der Idee angemessene Gestaltung noch

---

*) Vergl. §. 560.
**) §. 558.

nicht gefunden ist und die Bedeutung, der Inhalt zeigt eben damit, die unendliche Form noch nicht erreicht zu haben, noch nicht als freier Geist gewußt und sich bewußt zu sein*); die romantische Kunst dagegen soll darin bestehen, daß zwar ebenfalls eine Unangemessenheit der Idee und der Gestaltung stattfindet, aber die erstere nicht als seine Gestalt blos suchend oder in äußerer sich befriedigend, sondern sich nur in sich findend, hiermit im Geistigen allein seine adäquate Gestalt sich gebend, gewußt wird**).

So ist es immer die Einheit zwischen Geist und Buchstabe, Idealem und Realem, Idee und Erscheinung, aus welcher der Werth und die Theile des Schönen abgeleitet werden, sowohl bei Fichte als bei Schelling und Hegel; während aber der erstere, an das Subject anknüpfend, die transscendentale Einheit aufsuchte, war es den beiden letzteren um die absolute Einheit der beiden Factoren zu thun, nur mit dem Unterschiede, daß bei Hegel der ideelle Factor als der herrschende auftritt, ich möchte sagen, als der despotisch regierende im Panzer der geschlossenen Trilogien. Das Schöne erscheint nun in bestimmten Stufen, bald klarer, bald dunkler, in größerer oder geringerer Fülle. Das Schöne hat wohl Momente, aber keine Elemente; denn es beruht nicht auf der Harmonie Verschiedener, sondern auf dem größeren oder geringeren Ausdruck der einen Idee. Wie viel eine Gestalt von der Idee besitzt, so viel hat sie geistigen Gehalt.

Vielleicht jedoch soll dieser „Gehalt“ selbst nichts anderes

---

*) §. 561.
**) §. 562.

bebeuten, als den Werth der schönen Gestalt, und dann
würde sie eben so viel Werth besitzen, als sie von der Idee
besitzt. Aber das steht eben in Frage. In der Idee ist Alles
das Eine und dieses Eine ist Alles. Sie umfaßt das Sein
und das Seinsollen; in ihr ist Alles und lebt Alles, sowohl
das Gleichgiltige als das Werthvolle. Der Werth aber kann
nicht anders hineingekommen sein, als indem er in ihr vorausgesetzt wurde und anstatt von dem Erweise zu reden,
wird wieder nur von der Idee gesprochen und wir kommen
vom Werthe zur Idee, von der Idee zum Werthe, im ewigen
Cirkel. — Also weder die Einheit der Idee und der sinnlichen Erscheinung, welche überhaupt nur aus dem Bedürfnisse
des Monismus herausgewachsen war, noch die Idee selbst,
in welcher der Werth vorausgesetzt war, vermochten uns eine
passende Unterlage zu geben, um den Werth des specifisch-
Aesthetischen vom Ethischen und Gleichgiltigen zu sondern.
Der ideelle Factor war zugleich ein Seiendes und Sein-
sollendes, eine Amphibolie, die, falls der specifisch-ästhetische
Werth uns entfliehen würde, auf ethischem Boden Entschä-
bigung herbeischaffen sollte. Aber das Schöne muß weder
nothwendig gut oder wahr sein, um schön zu sein, noch das
Gute und Wahre nothwendig schön, um als gut und wahr
zu gelten. Indem also zur Constituirung des Schönen zwei
verschiedene Factoren aufgeführt werden, ein ideeller, der
sich schließlich als der Werth gebende herausstellte, und die
an sich werthlosen Formen oder mechanischen Aeußerlichkeiten,
die aber gleichwohl als nothwendige Mittel angegeben wurden,
um das Schöne erscheinen zu lassen, wurde in die Aesthetik
ein Gegensatz eingeführt, wodurch man genöthigt war, die
Begründung des Gegenstandes dieser Wissenschaft in zwei

verschiedenen Welten zu suchen, welches für den Aufbau
dieser Wissenschaft weder nöthig noch vortheilhaft war. Dieser
eigenthümliche Gegensatz begann mit Fichte, wurde von
Schelling umgestaltet und in seiner Umgestaltung von
Hegel systematisirt. In Hegel's Schule wurden dann dessen
Gedanken zum Theil weitergebildet, wie von Vischer, der
sich mit der ganzen Wucht des ernsten Forschers auf diese
Wissenschaft warf, oder verdunkelt, wie von Weiße oder
popularisirt, wie von Rosenkranz, u. A.

Wenn in der Aesthetik des Idealismus bei Fichte,
Schelling und Hegel, ebenso bei dem Hauptvertreter der
romantischen Schule Friedrich Schlegel für die Feststellung
des Begriffes des Schönen immer zwei Factoren maßgebend
waren, ein ideeller und ein formeller, und es durch diese Unterscheidung nicht gelang, sowohl das Werthvolle überhaupt
von dem Gleichgiltigen zu trennen, als auch das specifisch-
Aesthetische von dem ethisch Werthvollen zu sondern, weil
man sich das den Werth Constituirende als ein Seiendes,
d. h. an sich Gleichgiltiges dachte, so muß man es eben auf-
geben, die Begründung des Werthes in einem Seienden zu
suchen, vielmehr nur, wie es Herbart gethan, auf die
Verbindungsweise mehrerer Seienden oder der bloßen Bilder
derselben achten, wodurch allein jene Unterscheidung des
Werthvollen und Gleichgiltigen einen festen und sicheren Boden gewinnen kann. „Gehalt" wird sich auch hier einfinden,
aber er ist nichts anderes als der Werth, der aus dieser
Verbindungsweise resultirt und von einem hinzutretenden
Urtheil ausgesprochen wird. Bevor aber diese Anschauungsweise weiter verfolgt werden kann, ist es nothwendig, eines
Mannes zu gedenken, welcher die idealistische und realistische

Auffassung als „exclusive" vermitteln will, oder vielleicht richtiger gesagt, die idealistische Anschauung auf Herbart'schen Boden zu übertragen sucht. Es ist Nahlowsky in seinem „Gefühlsleben" *) und in seinen „Aesthetisch=kritischen Streif= zügen" **).

Was früher Geist und Buchstabe, Form und Bedeutung, Idee und Erscheinung hieß, nennt er Form und Gehalt und unterscheidet für die Begründung des Schönen zwischen Ele= menten und Momenten, zwei Ausdrücke, deren erster der Herbart'schen, der zweite der Hegel'schen Anschauung ent= nommen ist.

Abgesehen nun von der etwas schwärmerischen Art, wie dieser Gehalt zuerst uns vorgeführt wird in den „Streif= zügen" ***) als „ein incommensurables, übersinnliches Etwas, welches das Gemüth in seinen innersten Chorden berührt und sich weit häufiger blos erahnen als begreifen läßt", — muß derjenige „Gehalt" zuerst ins Auge gefaßt werden, der als begriffen dargestellt wird, und im Gegensatze zu jenem romantischen, der uns an die Schlegel'sche Symbolik er= innert, als ein ganz exacter auftritt. Leider ist das, was exact an ihm ist, nicht specifisch=ästhetisch und was specifisch= ästhetisch an ihm sein soll, ist nicht exact. Es ist nämlich die Verwechslung und Vermischung des Ethischen mit dem specifisch Aesthetischen gemeint. Daß man zwar auch „Gehalt" für „Inhalt" sagen kann, hängt von der Art der Begriffe ab und darauf hat schon Drobisch in seiner Religions=

---

*) Leipzig 1862, namentlich p. 181 f.
**) S. Zeitschr. f. exacte Philos. Bd. 3, p. 384 f. u. Bd. 4, p. 26 f.
***) Zeitsch. f. exacte Philos. III. p. 398.

philosophie aufmerksam gemacht. Er sagt p. 193: „Das moralische Urtheil setzt den guten Vorsatz, dieser die Aner= kennung des Inhalts oder vielmehr Gehaltes der sittlichen Gebote voraus; worauf beruht nun aber diese Anerkennung, in der, wie man sieht, der Nerv alles Sittlichen liegen muß? Sie ist nichts anderes, als die Beurtheilung des Werthes vom Inhalt eines Gebotes: denn nur darauf kann der Gehalt beruhen." Der Werth, der aus dem Inhalt eines sittlichen Urtheils resultirt, ist ein Gehalt, aber deßwegen muß nicht jeder Inhalt an sich Gehalt haben. Er kann ebenso etwas Gleichgiltiges bezeichnen. Eigenthümlich stellt sich das Ver= hältniß des Inhaltes zum Gehalte, wenn der erstere den stofflichen Theil oder das Object eines Kunstwerkes bezeichnet. Man denke etwa an eine Landschaft für ein Gemälde oder an einen Sagenstoff einer Tragödie. Für das Urtheil liegen hierin schon Elemente vor, welche ein Wohlgefallen oder Mißfallen erwecken. Für den Künstler kann jedoch der Stoff nicht so bleiben wie er liegt; mittelst seiner Phantasie wird er es umgestalten und idealisiren, und insofern erscheint dann jenes Object als gleichgiltiger Stoff. Der Künstler wird den Werth seines Kunstwerkes nicht durch dieses oder jenes Was erhöhen können, sondern nur durch das Wie, d. h. durch die eigenthümliche Gestaltung, die er dem Gegenstande gibt. Die Griechen liefern uns Beispiele in den Bearbeitungen derselben Sagenstoffe durch verschiedene Dichter. — Wenn Zimmermann sagt*): „Der erhabenste Inhalt macht das Werk nicht zum Kunstwerk, der frivolste Stoff nimmt ihm nichts am (sc. specifisch=) ästhetischen Werth", so muß

---

*) S. Gesch. d. Aesthetik. p. 512.

dieser Satz in beiden Theilen seine vollständige Richtigkeit haben, wenn der ästhetische Werth ein selbstständiger sein und ein begrifflicher Unterschied zwischen beiden Gebieten feststehen soll. Nahlowsky jedoch bemerkt zu dieser Stelle*): „Der erhabenste Inhalt kann allerdings an und für sich noch kein Werk zu einem Kunstwerke stempeln, dazu ist unbedingt auch die Formvollendung nöthig. Allein ein frivoler Gehalt (substituirt für Stoff laut obiger Stelle; es gelten ihm also die Begriffe „Gehalt", „Stoff", „Inhalt" alle gleich) kann andererseits selbst durch die vollendetste Form nicht geadelt und unser Verdammungsurtheil hierdurch nicht völlig beseitigt werden. Vielmehr je meisterhafter, blendender, verführerischer dargestellt, uns eine gemeine, niedrige, verdorbene Weltan= schauung entgegentreten würde, desto mehr müßten wir uns von einem derartigen Werke abgestoßen fühlen und desto tiefer müßten in unserer Achtung Werk und Autor sinken." — Heine sagt irgendwo, Schiller sei zwar Deutschlands edelster, wenn auch vielleicht nicht bester Dichter; und dieses Urtheil ist auch deßhalb treffend, weil Heine den ethischen vom ästhe= tischen Werth sehr wohl zu trennen wußte. Es mag vielleicht aus der besten Absicht entsprungen sein, wenn man den ästhe= tischen Werth des Schönen vergrößern will durch die Bei= fügung des ethischen, wenn man Urtheile über Willensver= hältnisse als nothwendige Begleiter der Urtheile über Töne und Farben fordert, damit sie ihnen eine höhere Weihe ver= leihen, es ist umsonst: das Aesthetische hat diesen sittlichen Ernst nicht, weil eben das Aesthetische nicht das Ethische ist. Wer freilich mit dem frommen Wunsche einer sittlichen Ver=

---

*) A. a. O. p. 413.

eblung zum schönen Werke herantritt, ist um so leichter ver=
sucht, den sittlichen Werth auf dasselbe zu übertragen oder
gar hinter dem Schönen einen solchen sittlichen Gehalt zu
fordern, aber wegen dieser an sich löblichen Wünsche sollte
man es doch nicht die Begriffe des Aesthetischen und
Ethischen büßen lassen und sie unter einander vermischen.

.   Da Nahlowsky die Sache Herbart's vertritt, so konnten
natürlich die „Formen" und „Verhältnisse" als wesentliche
Stücke für die Grundlage der Aesthetik nicht umgangen wer=
den. Doch sträubt er sich gegen eine Identificirung der beiden
Begriffe Form und Verhältniß. „Form" bedeute nämlich
eine bestimmte Anordnung der Theile eines Ganzen, „Ver=
hältniß" eine Beziehung mehrerer wirklicher oder gedachter
Dinge. Durch dergleichen Nominaldefinitionen wird aber kein
principieller Gegensatz festgestellt und eine Anordnung der
Theile eines Ganzen ist eben nichts anderes als eine Be=
ziehung dieser Theile zu einander. Uebrigens scheint er bei
Form an räumlich=plastische Anordnung zu denken, bei Ver=
hältniß etwa an die Beziehung von Tönen und Willen.
Dieser ursprüngliche Gedanke nahm jedoch allmählich eine
andere Gestalt an. Er sagt*): „Die einfachen Verhältnisse
bilden noch nicht im eigentlichen Sinne die Form, sondern
sie sind bloße Formglieder. Erst die Verbindung der einzelnen
Verhältnisse zu einem geschlossenen Ganzen ist die eigentliche
Form. Jedes einzelne Verhältniß ist eben nur ein Element
des Schönen. Das schöne Ganze entsteht sofort aus der
angemessenen Gruppirung dieser Elemente." Darnach besteht
also auch die Nahlowsky'sche Form in einer Art der Ver=

---

*) p. 414.

bindung einzelner Glieder. Diese einzelnen Glieder, das Was
oder der Stoff der Verbindung, sind aber die Verhältnisse,
welche, weil sie Elemente des Schönen genannt werden, auch
schon ein Wie, d. h. eine Art der Verbindung sein müssen
und folglich auch wieder nicht Stoff sein können. Der Künstler
finde diese einfachen Verhältnisse vor, um erst aus ihnen ein
schönes Werk zu bilden; der genialste Componist könne keine
neuen Intervalle schaffen. Aus dem letzteren Umstande folgt
aber nicht, was Nahlowsky implicite folgert, daß die ein=
fachen Verhältnisse keine Formen sind, d. h. eine gewisse
Art der Verbindung, um aus ihnen als gleichgiltigen Glie=
dern allererst eine Form zu bilden, sondern daß der Künstler,
resp. Componist, an der Giltigkeit ihres absoluten Werthes
nichts ändern kann. Aber das, was er vorfindet, sind bei
der Musik nicht Intervalle, sondern Töne, und zwar aus
keinem anderen Grunde, als weil das Wie kein Was ist.
Deutlicher ausgedrückt müßte die Sache so lauten: Nahlowsky
frägt sich: was finde ich vor? und gibt sich als Antwort
nicht: Etwas, d. h. ein Seiendes, sondern: so, d. h. eine
Verbindungsart mehrerer Seienden finde ich vor. Er frägt
also anscheinend nach einem Stoffe und antwortet sich mit
einer Form; aber nicht consequent, daher die Grundverhält=
nisse bald als gleichgiltige Glieder zum Aufbaue seiner Form,
bald als absolut wohlgefällig erscheinen. Will man nun das
Verhältniß zweier Töne eine „Gruppirung" nennen, so ist
dieselbe, da die Nahlowsky'sche Form in der angemessenen
Gruppirung der Elemente bestehen soll, eben auch nichts
anderes als die Form. Die Nahlowsky'sche Form erscheint
darnach eigentlich als eine Form der Form. Für sie gibt es
keinen Maßstab des Werthes; denn die Elemente, aus denen

sie besteht, sind mit den Verhältnißgliedern eines einzelnen Elementes verwechselt und die letzteren als Stoff sind an sich gleichgiltig. Nachdem also diese neue Form den objectiven Werth in den Verhältnissen aufgegeben hat und, anstatt aus diesen allein den Werth zu holen, sie zu gleichgiltigen Gliedern herunterbegradirt hat, muß sie sich nach einem anderen umsehen und findet ihn im Gehalte, welcher in einer Gefühlsstimmung, Idee, Tendenz bestehen soll. Wenn nun gleichwohl die ästhetischen Elemente ganz in Herbart'scher Weise als nicht gleichgiltig betrachtet werden und dennoch für Herstellung seiner Form und den damit verbundenen Gehalt oder ein Moment desselben, d. h. ein Stück Hegel'scher Anschauung, als „vorfindiger" Stoff, mithin als gleichgiltig behandelt werden, so folgt daraus nicht blos, daß die Begriffe nicht festgehalten werden, sondern auch dies, daß die Nahlowsky'sche Anschauungsweise schlechterdings unwiderleglich ist, indem er, wenn wir ihm das erste vorhalten, mit dem zweiten bereit ist sich zu wehren und beim zweiten mit dem ersten.

Damit ist aber das Grundverhältniß Nahlowsky's für den Nachweis des ästhetischen Werthes noch gar nicht berührt. Das Schöne soll sich nämlich dort einstellen, wo sich Form- und Gedankenglieder gegenseitig in angemessener Weise entsprechen*). Die Formglieder sind die Herbart'schen ästhetischen Elemente, aber von ihm zu dem Material begradirt, aus dem man formt, wie man aus Buchstaben Wörter und Sätze formt. Was die Gedankenglieder oder den Stoff betrifft, so ist die Unterscheidung, ob er das Object eines Kunstwerkes

---

*) p. 415.

oder das Material der Verhältnißglieder bezeichnet, gar nicht angestellt. Gleichwohl spielen beide eine sehr verschiedene Rolle, indem das eine, im kunsthistorischen Sinne genommen, dem Künstler seinen Stoff in primitiver Form schon entgegenträgt, das andere als schlechthin Seiendes schlechthin gleichgiltig ist. Stoff im letzteren Sinne als Verhältnißglied wird auch dort angewandt, wo schon Verhältnisse vorhanden sind, also ästhetische Elemente. Aus ihnen formt der Künstler, sie sind „vorfindig" und sollen, obwohl sie ganz die Kennzeichen des gleichgiltigen Stoffes an sich tragen, dennoch zugleich schön sein. Wenn er aber vom Stoff im ersteren Sinne spricht, insofern er nämlich das Object eines Kunstwerkes ist, da scheint es ihm, als sei mit dem Ausspruche „Gedanke" etwas ästhetisch Werthvolles schon gegeben, ohne die Sache weiter zu untersuchen. — Doch sagt er freilich: „Es gibt ohne Einklang von Gehalt und Form keine Schönheit"*); oder, wie es drei Zeilen weiter oben hieß: „Der Einklang von Stoff und Form bildet die Grundbedingung der Schönheit." Daran ist so viel wahr, daß der Einklang, wo er sich auch einfinde, schön ist, weil er der Ausdruck eines Verhältnisses ist. Dasselbe gilt auch von der Einstimmung der Kantischen Seelenvermögen. Ob aber diese Glieder das Verhältniß bilden, an welchem man das Wohlgefallen am augenscheinlichsten hervorrufen kann, ist damit keineswegs gesagt**). Das war auch Zimmermanns Ansicht, gegen welchen polemisirt wird. Es war ein Kunstgriff der alten Rhetoren, den Begriff an das Wort zu knüpfen; in

---

*) p. 416.
**) S. o. S. 27.

6

ähnlicher Weise dient hier der Einklang als Handhabe. So wenig aber als die Kantischen Seelenvermögen (Verstand und Einbildungskraft) die richtigen Verhältnißglieder sind, um als Prototyp alle anderen zu ersetzen, eben so wenig sind es die Nahlowsky'schen, Stoff und Form. Die einzelnen Glieder dürfen für die theoretische Auffassung weder disparat noch identisch noch relativ, sondern sie müssen gleichartig sein, in einem bestimmten Gegensatze zu einander stehen und eine absolute Selbstständigkeit haben, wenn sie ein ästhetisches Verhältniß bilden sollen.

Die Nahlowsky'schen sind aber gänzlich disparat. Dazu kommt noch ein zweiter Uebelstand. Damit nämlich ein ästhetisches Urtheil möglich sei, müssen die Glieder des Verhältnisses deutlich vorgestellt werden können. Von den beiden Gliedern Stoff und Form ist der erstere in der Poesie ein Gedanke, — denn hier entsteht die Form erst aus der Verbindung mehrerer Gedanken — und dieser ist für das Urtheil klar erkennbar; bei den übrigen Künsten tritt diese Klarheit immer mehr zurück und Farben, Umrisse u. s. w. sind nur Zeichen, um das Was des dargestellten Gedankens zu versinnlichen. Ein Urtheil also, welches den Einklang von Stoff und Form aussprechen soll, hätte zum Subjecte die zwei Verhältnißglieder Stoff und Form, von denen das erstere nicht deutlich vorgestellt werden kann, weil eine klare Kenntniß des Stoffes nach seinem wahren Inhalte vielleicht gar nicht möglich oder dem Zweifel, der Deutung ein zu großer Spielraum gelassen ist. Unter diesen Bedingungen kann aber nicht das Prädicat auf „wohlgefällig" oder „mißfällig" lauten, sondern es kann sich gar kein Urtheil bilden, weil die Bedingungen dazu fehlen, nämlich die klare Vorstellung

deſſen, was das Subject des Urtheils ausmacht. Wenn Stoff
und Form ein Verhältniß bilden ſollen, ſo wäre dadurch
das Seiende mit dem Seinſollenden zu einem unnatürlichen
Bunde vereinigt; und doch ſoll dieſe Vereinigung der Grund
alles äſthetiſchen Wohlgefallens ſein. Aber das Seiende ſteht
unter Geſetzen, das Seinſollende unter Normen; jene wollen
wir erkennen, nach dieſen wollen wir urtheilen. Im erſten
Falle haben wir etwas äſthetiſch Gleichgiltiges, im zweiten
etwas Werthvolles, — ein ganz abnormer Fall, daß nur
ein Glied des Verhältniſſes als gleichgiltig erſcheint. Aber
das erſte von dieſen Gliedern iſt eben ſchon eine Geſammt=
bezeichnung für alles das, was äſthetiſch werthvoll iſt. Es
wird Herbart's Analyſe gelobt, daß ſie bis zu den Elementen
vorgedrungen ſei und dadurch auf die wahren Grundlagen
der Aeſthetik hingewieſen habe; allein dieſe äſthetiſchen Ele=
mente ſind nur ſo lange äſthetiſch werthvoll als Herbart
genannt wird, denn ſobald ſie zu ſeinem eigenen Begriffe von
Form ſich vereinigen, wie die Buchſtaben zu Wörtern,
werden ſie nur als das Material für dieſe Form, d. h. als
äſthetiſch gleichgiltig behandelt. Auf dieſe Weiſe werden die
Herbart'ſchen Begriffe umgebogen, und in ſich widerſpre=
chend gemacht. Andererſeits erſcheint die Form, da ſie aus
abſolut wohlgefälligen Verhältniſſen gebildet wird, als äſthe=
tiſch werthvoll; bald darauf aber, wenn auf den Gehalt
losgeſteuert wird, als Glied eines Verhältniſſes, d. h. als
äſthetiſch gleichgiltig. Wie kann man dann bei ſo widerſpre=
chenden Begriffen ſagen: „Der Einklang von Stoff und
Form ſei die Grundbedingung der Schönheit?" — Dies
wäre alſo das Reſultat, das man auf „ſpeculativem Wege"

6*

gewonnen? Der Widerspruch ist freilich auch ein Merkmal
der „speculativen" Philosophie.

Will man mit diesem Resultate es nun unternehmen,
auf empirischem Wege durch Urtheile über verschiedene Kunst=
werke Aufschluß und Belege zu suchen für die gewonnene An=
schauung, so müßte man mit den principiellen Fragen doch
in anderer Weise, als es geschehen ist, im Reinen sein, um
eine Anwendung zu versuchen. Sonst erregt es den Anschein,
als sollten wir auf empirischem Wege den Gehalt anerkennen,
von dem wir aus der principiellen Untersuchung keine Ueber=
zeugung hätten erlangen können. Das Werthvolle im Aesthe=
tischen ist auch hier das Ethische. So sagt er mit beson=
derer Beziehung auf das Drama und das Historiengemälde
p. 419: Der Ethik solle nicht alle Einsprache bei der
(sc. specifisch=) ästhetischen Beurtheilung verwehrt werden,
und zwar aus dem Grunde, weil das ethische Wohlgefallen
nur eine nähere Determination des ästhetischen (sc. im wei=
teren Sinne, was hier nothwendig hätte bemerkt werden
sollen, da sonst Jeder an eine Erschleichung denkt) Wohl=
gefallens sei. Der Grund ist wohl an sich richtig, aber daß
die Ethik deshalb solle Einsprache erheben dürfen in das
ästhetische Gebiet im e. S., folgt daraus ebensowenig, als
daß das musikalische Urtheil Einsprache erheben dürfe in der
Malerei oder Plastik. Das Urtheil stellt sich eben ein, wo
diese oder jene Glieder ästhetische Verhältnisse bilden, mögen
es nun Willen oder Töne u. s. w. sein. Was den übrigen
Gehalt anbelangt, insofern er seinen Werth nicht aus der
Ethik holt, so ist er nur stofflicher Art, d. h. ästhetisch gleich=
giltig, mag er sich nun auf das Object eines bestimmten
Kunstwerkes beziehen oder Glied eines ästhetischen Verhält=

nisses sein. So heißt es p. 420 von Gedichtchen Göthe's,
Uhland's, Lenau's, deren Form klein sei und keine besondere
Virtuosität der Technik verrathe, daß der prägnante Ge=
danke, das sich aussprechende Gefühl uns daran seßle. Hier
bezieht sich die Form offenbar auf das Sprachliche und Me=
trische, als müßte ein poetischer Gedanke erst mitgetheilt
werden, um schön zu sein, als bestünde das Poetische gar
nicht in Gedankenverhältnissen. Der einzelne Gedanke ist für
sich ebenso gleichgiltig wie jedes andere einzelne Glied; erst
durch die Verbindung mehrerer entsteht die Form und für
die Mittheilung durch die Kunst mit Hilfe der Rhythmik
auch die Form des Ausdruckes in der Sprache. Der Ge=
danke, der in der Poesie Glied eines Verhältnisses oder Object
eines Kunstwerkes ist, tritt in den anderen Künsten mehr
oder weniger zurück und wir haben nur das Symbol dieses
Stoffes, welches Farbe, Umriß u. s. w. ist. Der Gedanke,
der im Landschaftsgemälde symbolisirt erscheint, ist aber, für
sich betrachtet, ebenso gleichgiltig, wie der einzelne Ge=
danke in der Poesie, erst seine Verbindung mit anderen wird
ästhetische Verhältnisse erzeugen. Und auch in diesem Falle
hat man von poetischen Schönheiten des Landschaftsgemäldes
gesprochen, nicht von den eigentlichen malerischen Schönheiten.
Nahlowsky aber erblickt schon dort, wo ein Gedanke hindurch=
scheint, d. h. durch Farbe oder Umrisse symbolisirt wird,
Gehalt, und zwar von ästhetischem Werthe. Dann müßte
consequent in der Poesie, deren Schönheit nur an Gedanken
sich darstellt, lauter Gehalt sein. Es müßte auch das größte
Machwerk ästhetisch gehaltreich sein, wenn der Gedanke allein
den Gehalt bewirkt. Der ethische Werth aber kann den vollen
ästhetischen nicht verbürgen, wenn die Form nur auf das

mitgetheilte Gedankenverhältniß bezogen wird und der Schein entsteht, als ob das Element, aus dem die Poesie ihre Werke bildet, nicht Gedanken, sondern Wörter wären.

Die Bedeutung des ideellen Gehaltes scheint auf diese Weise nicht gesichert zu sein. Weiterhin sucht er seine An-schauung in indirecter Weise dadurch zu bestätigen, daß aus der Geschichte an den Vertretern der bloßen Formästhetik nachzu-weisen gesucht wird, wie auch sie sich seines „Gehaltes" nicht hätten entrathen können. So gehöre nach Kant*) zum Ideale der Schönheit mehr als blos die regelrechte Form oder die Ausprägung der Normalidee, es gehöre dazu wesentlich der sichtbare Ausdruck sittlicher Ideen, die den Menschen in-nerlich bewegen, übergeht aber den Schluß dieses Para-graphes, welcher also lautet**): „welches dann beweiset, daß die Beurtheilung nach einem solchen Maßstabe niemals rein ästhetisch sein könne, und die Beurtheilung nach einem Ideale der Schönheit kein bloßes Urtheil des Geschmackes sei;" — d. h. mit anderen Worten, daß Kant hier das Sittliche vom Aesthetischen im engeren Sinne sehr wohl zu unterscheiden wußte und beim Ideale beides saud, und daß das Object der Darstellung, d. h. der Stoff, sittliche Ele-mente an sich habe, die Form ästhetische. Während aber bei Kant wenigstens an etwas Werthvolles gedacht wurde, und zwar etwas Sittlichwerthvolles, wird bei Winkelmann und Lessing wiederum Gehalt für Inhalt überhaupt ge-nommen, indem der „geistige Ausdruck", von dem diese beiden Männer sprächen, Zeugniß geben soll von dem Ge-

---

*) Kritik d. U. §. 17.
**) Ausg. v. Hartenstein VII. p. 82.

halte. Auf diese Weise dürfte er gewiß überall seinen Gehalt finden, indem er bald in diesem, bald in jenem Sinne genommen wird. Ueber die Art und Weise wie Herbart für denselben gedeutet wird, s. Zimmermann's Abwehr in der Zeitschr. s. ex. Phil. 4. Bd. p. 199 s. Nur das Eine sei daraus hervorgehoben, daß, wenn Herbart sagt: die Musik ahme den Fluß der Vorstellungen nach, dies in dem Sinne genommen wird, als hätte er gesagt, die Vorstellungen. Es wird daher auch die Art und Weise, wie Nahlowsky seinen Gehalt in den einzelnen Künsten durchzuführen sucht, füglich übergangen werden können.

So sehr wir nun auch glauben, daß die Vermittlung exclusiver Anschauungen der Aesthetik an sich eine wohlgemeinte sei, so sind wir doch überzeugt, daß eine solche unter richtiger Fassung des Begriffes Form weder nöthig, noch die hier gebotene auf hinreichende Gründe gestützt ist.

IV.

Unter den einzelnen Disciplinen der Philosophie ist die Aesthetik am spätesten einer speciellen Untersuchung unterzogen worden, sei es, daß andere Probleme das Denken mächtiger anzogen, sei es, daß das Schöne zuvor in praktischer Weise in der Kunst durch verschiedene Stufen seiner natürlichen Entwicklung hindurch den Geist beschäftigt haben mußte, ehe es als Aufgabe des bloßen Denkens behandelt und in den Kreis der ruhigen Betrachtung gezogen werden konnte.

Aristoteles war es, der zuerst eine wichtige und fruchtbringende Andeutung gab für den richtigen Weg, der einzuschlagen ist, in der schon oben citirten Stelle aus der Rhetorik*). Wenn hiernach für das Ziel des Lobes oder Tadels gewisse feststehende Werthkategorien gedacht werden, so ist hiermit schon wie im Keime angedeutet, daß bei allem, was in Natur oder Kunst, oder blos in Gedanken als schön oder häßlich erscheint, Etwas beurtheilt wird. Dieses Etwas ist Subject, das Prädicat des Urtheils aber ist ein Ausdruck des Beifalls oder Mißfallens. Aber nicht jedem Subjecte

---

*) I. 9, 1366, a. 23 Bekk: οὗτοι γὰρ (sc. ἀρετὴ καὶ κακία καὶ καλὸν καὶ αἴσχρὸν) σκόποι εἰσὶ τῷ ἐπαινοῦντι καὶ ψέγοντι.

folgt ein Prädicat, welches jenem einen Werth ertheilen kann. Daß es als werthvoll und nicht gleichgiltig erscheine, muß es in einer gewissen Art und Weise erscheinen, die ein solches hinzutretendes Urtheil des Werthes möglich macht. Aber eben diese Art und Weise entscheidet darüber, ob in dem Wie oder dem Was des Subjectes der Grund des ästhetischen Wohlgefallens zu suchen sei. Nicht an das Was, sondern an das Wie der Erscheinung heftet sich das ästhetische Urtheil. Kant war keinen Augenblick darüber im Zweifel, welchem von beiden er für die Begründung der Aesthetik den Vorzug zu geben habe und daher in dem Wie der Erscheinung allein den Grund des ästhetischen Wohlgefallens zu erblicken. Wollte man dieses Wie der Erscheinung mit Form bezeichnen, so kann auch die Aesthetik nichts anderes als Formwissenschaft sein. In diesem Sinne hat es auch Kant genommen. Aber bei seiner halben idealistischen Anschauungsweise wurde diese richtige Einsicht getrübt und bei seinen Nachfolgern verwischt. Die Einstimmung zwischen Verstand und Einbildungskraft bot kein objectives Geschmacksprincip dar, und indem er ein solches geradezu läugnete, gab er der Aesthetik selbst den Todesstoß*). Seine drei idealistischen Nachfolger, welche auf theoretischem Gebiete das von Kant noch erhaltene caput mortuum des Dinges an sich ganz in das Subject zogen, retteten es auf praktischem Gebiete und wurden Realisten im Praktischen, sowie sie Idealisten im Theoretischen waren. Das was über den ästhetischen Werth entscheidet, hat seinen Grund ebenso in dem Was als in dem Wie der Erscheinung. Es sind zwei verschiedene Welten,

---

*) S. Zimmermann's Gesch. der Aesth. p. 711 f.

welche in jedem gegebenen Falle den Ausschlag über den
Werth geben sollen. Fichte sprach von Geist und Buchstabe,
Schelling von Absolutem und Erscheinung, Hegel von Idee
und Erscheinung und die romantische Schule schloß sich in
ihrer Weise an diese Grundanschauung an. Nachdem aber
der erstere der beiden, das Schöne constituirenden Factoren
durch Hegel in entschiedener Weise das Uebergewicht erhalten
hatte, suchte man neuerdings diese exclusive Betrachtungs=
art auf ihr richtiges Maß zurückzuführen, das Einseitige
abzulehnen und die rechte Mitte zu erreichen, indem man
beide Factoren in gleicher Weise berücksichtigen und ihnen
den gleichen Antheil am Aufbau des Schönen zusichern
wollte, — natürlich immer in der sicheren Voraussetzung,
als ob der Werth des Schönen auf der Einheit, Ange=
messenheit dieser beiden Factoren beruhe.

Das Was und das Wie sollen beide den Grund eines
Werthes an sich tragen. Da aber der Stoff oder das Was
an sich gleichgiltig ist, so muß er, um ästhetisch werthvoll
zu sein, schon ein Wie an sich tragen. Und so ist es auch;
nur ist dieser Werth in den seltensten Fällen ein ästhetischer
im engeren Sinne, vielmehr sind es bald ethische, bald reli=
giöse Ideen, mit denen erfüllt das Schöne in seinem Werthe
erhöht werden soll. Daß das Schöne wahr sei, gut sei oder
auch religiöse Ideen in sich habe, das kann alles sehr richtig
sein. Wer würde z. B. die historische Wahrheit leugnen,
die in vielen Dramen Shakespeare's enthalten ist und trotz
der idealisirenden Umgestaltung des Dichters, namentlich in
den zur englischen Geschichte gehörigen, doch deutlich ausge=
prägt erscheint? Wer wollte den sittlichen Adel in der Schiller'=
schen Poesie verkennen, oder die religiöse Gesinnung, welche die

Dichtungen ganzer Völker so eigenthümlich charakterisirt?
Aber diese Wahrheit, dieser sittliche Adel, diese religiöse
Gesinnung sind nicht das Schöne, noch können sie dasselbe
ersetzen. Das Schöne ist eben etwas für sich, sowie das
Gute und Wahre und fragt nicht darnach, mit wem es ver=
bunden ist; ja, sein eigener Werth muß auch dann noch
anerkannt werden, wenn es sich am Unwahren und Schlechten
finden sollte. Wollten wir Schiller wegen seiner sittlichen
Gesinnung erheben, so würden wir in ihm gar nicht den
Dichter, sondern den Menschen beurtheilen. Das Interesse,
welches sich an ein schönes Werk knüpft hinsichtlich der tiefen
sittlichen Anschauung oder der Wahrheiten, die es uns offen=
bart, ist deshalb um nichts weniger lobenswerth, aber es
wird nicht durch das schöne Werk als solches angeregt. Kurz,
die Wirkung, welche die Befriedigung dieses Interesses be=
zweckt, gehört dem Stoffe des schönen Werkes an, nicht der
Art der Erscheinung des Stoffes, die es allein zu einem
schönen macht. Das Schöne ist weder gut noch wahr, noch
religiös, — es ist ebenso gut das Gegentheil, — sondern
es ist eben schön, d. h. ein Wohlgefälliges, welches sich in
objectiven Verhältnissen darstellt.

Ein anderer Theil dieses Stoffes, der zum Aufbau des
Schönen wesentlich sein soll, ist an sich ganz werthlos und
gleichgiltig und gehört lediglich der theoretischen oder psycho=
logischen Betrachtung an. Dies ist der Fall, wenn man von
Gedanken und Gefühlen oder einer Gefühlsgruppe spricht.
Es wird aber diesem stofflichen Theile und seiner Betrach=
tung dadurch ein größeres Interesse geliehen, daß man das
Verhältniß vom Erkenntnißprincip zum Erklärungsprincip auf
die Werke der Kunst und Natur anwendet, um das in dieser

Weise mitgetheilte Schöne zu beurtheilen, als bedürfte es nur
den Act des Erkennens, um das Urtheil über den Werth
zu ersetzen. In diesem Falle wird der Umstand allein, daß
es etwas bedeute, als Grund dafür angenommen, daß das
Werk ein werthvolles oder schönes sei. Aber nicht in jeder
Kunst kann man mit gleicher Leichtigkeit aus ihren Werken
diesen fraglichen Inhalt herausfinden. Da hilft man sich dann
mit der Uebertragung des specifisch verschiedenen Eindruckes
in den Werken der einen Kunst auf die anderen, und zur
Analogie tritt die Vermischung. Weil die Poesie durch die
Eigenthümlichkeit ihres Materials, aus dem sie formt, auch
wissenschaftliche, ethische, religiöse Probleme berühren kann,
so kann man einen solchen Inhalt deshalb nicht auf die anderen Künste übertragen und etwa per analogiam sagen,
die Musik habe ethischen Gehalt oder es gehöre ihr das Religiöse als Gehalt an. Dieses ist so wenig der Gehalt der
Musik und hat so wenig specifisch ästhetischen Werth an sich,
als die Empfindung des Gaumenkitzels, in deren Ausdruck
der Gehalt einer Tafelmusik etwa bestehen sollte. — Etwas
anders stellt sich die Sache dar, wenn man den theoretischen
Gehalt durch Herbeiziehung des künstlerischen Schaffens be-
greiflich machen will. Fichte sagte: der Künstler drücke die
Stimmung seines Geistes in die körperliche Gestalt des
Kunstwerkes ein (S. 49), und Nahlowsky hinsichtlich der
Musik in veränderter Weise also: „Dort bei dem schaffenden
Geiste war zuerst der Gedanke, dieser erzeugte die Gefühlsstimmung und diese hinwieder dictirte ihm das Thema
und dessen eigenthümliche Durchführung, kurz eben diese Tongebilde. Wir vernehmen umgekehrt zuerst die Tongebilde,
diese versetzen uns in gewisse Gefühlsstimmungen, und diese

endlich werden sofort wieder zu Weckern entsprechender Ge=
danken"*). Man sieht, daß die Fichte'schen Termini Geist,
Stimmung und körperliche Gestalt als Gedanke, Gefühls=
stimmung und Gebilde auftreten. Wenn man aber von einer
Idee, einem Gedanken spricht, der dem Künstler ursprünglich
innegewohnt habe und die er nun durch sein Werk zum
Ausdrucke bringen wolle, so lautet diese Sprache der Ge=
haltsästhetik in der Aesthetik als Wissenschaft also: Der Künst=
ler hat zuerst eine dunkle Totalanschauung in sich, die sich
nach und nach zu Form und Gestalt herausarbeitet. Was
dieser Totalanschauung als Veranlassung oder Anknüpfungs=
punct dient, um das schöne Werk zu bilden, ist gleichsam
das Schwungbrett seines Geistes, von dem aus er im gei=
stigen Fluge zur anschaulichen Verwirklichung seines Phan=
tasiegebildes strebt. Ein unkünstlerischer Mensch sieht wohl
Bretter, aber sie schwingen ihn nicht. Wer aber diese Bretter
selbst für etwas Aesthetisches ansehen wollte, hätte einen
hölzernen Geschmack.

Was sind sie aber selbst, jene Stimmungen und Ge=
fühle oder Gefühlscomplexe, welche als ideeller Gehalt, d. h.
mit dem Anspruche auf ästhetischen Werth auftreten? Wir
sind hiermit ganz auf den psychologischen Boden der Em=
pfindungen und Gefühle versetzt, d. h. in die Zustände eines
realen Wesens, welches an sich als ein Seiendes gänzlich
gleichgiltig ist. Oder haben sie deshalb den Schein eines
Werthes erhalten, weil sie die Auffassung des Schönen in
lebhafter und oft heftiger Weise begleiten und gerade des=
halb die ruhige, objective Auffassung des Schönen erschweren?

---

*) Gefühlsleben p 185.

Es ist nothwendig, sie deshalb in's Auge zu fassen. Vielleicht fällt hiedurch auch zugleich Licht auf jene Bezeichnung des Gehaltes als etwas Incommensurables. Incommensurable Größen sind in der Mathematik diejenigen, für welche sich kein gemeinschaftliches Maß angeben läßt. Verhält sich's nun mit dem Gehalte in ähnlicher Weise so, daß er in gar keinem bestimmten Begriffe festgehalten werden kann, so enthält dies schon die heimliche Widerlegung dessen, was er sein will, nämlich nicht ein objectives Verhältniß für ein ästhetisches Urtheil, sondern ein Zustand der Seele für die psychologische, d. h. theoretische Betrachtung. Was die Empfindungen betrifft, so gehört zum Wesen derselben, daß ein organischer Nervenreiz vorhanden ist, welcher seinen Zustand auf die Seele überträgt. Dieser Reiz wird bei dem Schönen in größerem oder geringerem Grade angeregt. Das Naturschöne wirkt in so mannigfacher Art auf den ganzen Nervenapparat, daß hier häufig der angenehme Eindruck den schönen überwiegt. Beim Kunstschönen dürften die durch das Gehör vermittelten Künste, also Musik und Poesie, einen lebhafteren Nervenreiz erregen, als die durch das Auge. Je stärker nun die einzelnen Empfindungen betont sind, desto undeutlicher werden die Empfindungscomplexe, d. h. desto mehr leidet darunter die Unterscheidbarkeit seiner Bestandtheile, weil der Ton den Inhalt verdrängt*). Dies ist wichtig, denn gerade der Ton der Empfindung kann sich heimlich in die Auffassung des Schönen mischen und die Begriffe verwirren, so daß man auf diese Weise leicht auf das objective Schöne etwas übertragen kann, was ein reiner subjectiver Zustand ist.

---

*) S. Volkmann's Psychologie §. 27.

In ähnlicher Weise stellt sich das Resultat heraus, wenn man die Gefühle in Betracht zieht. Das Gefühl ist eine innere Spannung zwischen dem Vorstellen und der Vorstellung, deren Rückwirkung auf die Seele wir uns bewußt werden. Subjectiv betrachtet lassen sich die Gefühle durch den Ton unterscheiden, objectiv nur durch die bestimmten Vorstellungsqualitäten, mit welchen sie verknüpft sind, und man kann am füglichsten, je nachdem das einzelne Gefühl entweder nur ganz unbestimmt als Modification des vorhandenen Gemüthszustandes oder als an bestimmten Vorstellungs-qualitäten haftend erscheint, die zwei Classen der vagen und fixen Gefühle unterscheiden, wie es Volkmann gethan*). Mit der letzteren Classe verhält sich's wie mit der Zeit, wenn wir sie durch Gegenstände des Raumes messen. Die Gefühle sind von mächtigem Einflusse auf das Leben und die Zustände der Seele. Wir sind selbst ganz andere Menschen, wenn die Wogen des Gefühles hoch gehen. Das ruhige Vorstellen aber leidet am meisten darunter, und nur dann wird es die Ober-hand wieder erlangen, wenn das Gefühl selbst von der Höhe seiner Spannung gesunken ist. Je reicher nun und ausgebil-deter der innere Seelenschatz ist, desto größer ist bei einem vorliegenden Kunstwerke das Spiel der Reproductionen und der dadurch geweckten Gefühle. Dadurch fängt ein fremdes Gebiet an sich einzudrängen, Abstractionen werden gebildet und je weiter diese schreiten, desto mehr gelingt der Phan-tasie die Schöpfung neuer Gebilde, welche das ursprüngliche concrete Gebilde des Kunstwerkes längst verlassen haben und Dinge auf dasselbe übertragen, welche ihm gar nicht ange-

---

*) Psychol. p. 318.

hören. Anders wird sich die Sache verhalten, wenn man das
Gefühl nicht über die ruhige Betrachtung walten läßt. Diese
weist die falschen Abstractionen, das Spiel der Phantasie
und den ganzen dadurch hervorgerufenen Wechsel der Ge=
fühle zurück, weil sie sich nicht in das Reich der Unbestimmt=
heit flüchten will, um den Werth des Schönen zu erkennen,
sondern ganz bestimmte objective Formen für das Urtheil
fordert, um den ästhetischen Werth daraus abzuleiten.

Wenn hieraus ersichtlich geworden ist, daß in den ver=
schiedenen Gestaltungen des Was, welches zur Constituirung
des Schönen als nothwendig befunden wurde und bald Geist,
bald Absolutes, bald Idee, bald Gehalt benannt wurde, kein
specifisch=ästhetischer Werth enthalten ist, so ist noch die zweite
Seite, die Form, in Betracht zu ziehen, welche diesem
Gehalte als wesentliches Merkmal entspricht. Denn das
Schöne hänge ja mit dem Scheinen zusammen und müsse
als Erscheinung die Form an sich tragen. Aber die Erschei=
nung sei zugleich die Erscheinung einer Idee. In der Welt
der Ideen sei die wahrhafte Quelle und der eizentliche Werth
des Schönen zu suchen; die Formen, die zwar nothwendig
sind, um das Schöne erscheinen zu lassen, sind an sich ein
eitler Putz und Flitter; und wer es versuchen wollte, an diesen
Formen, welche die Ideen wie eine Schellenkappe abwerfen
oder anlegen können, die Schönheit allein und sonst nirgends
zu suchen, dem möchte man die leeren Formen in der Schreck=
gestalt des Medusenhauptes vor die Augen halten, um
ihn aus dem Kreise ihrer Ideen=Schönheiten zu bannen.
Möglich übrigens, daß das fortwährende Aufsuchen von Ideen,
von Gehalt u. s. w., zu welchem die Formen als Aufputz
treten, während der eigentliche Werth in den Ideen liege,

nicht blos eine Ansicht wissenschaftlicher Aesthetiker, sondern eine Folge nationaler Eigenthümlichkeit ist. Jeder weiß, daß unser Versbau durchaus auf dem **Accent**, auf der Hervorhebung des Bedeutenden und keineswegs auf dem **Maße**, der **Quantität** beruht, wie bei den Griechen und Römern; aber das möchte nicht ein Jeder denken, daß darin mit ein Grund liegt, warum für die deutsche Nation es immer das Wesen ist, die Idee, der Gehalt des Schönen, d. h. etwas, was eben aufhört schön zu sein, zu welchem die Deutschen durch die „leeren Formen" hindurchzubringen sich verpflichtet fühlen*).

Es ist deshalb wohl kein Wunder, wenn diese Anschauung auch in die systematischen Gebäude der ästhetisch-wissenschaftlichen Forschung eingedrungen und dort zu einer principiellen Grundlage gemacht worden ist, in welcher das Schöne der Antheil zweier Welten ist, einer irdischen und überirdischen, einer sinnlichen und einer Gedanken-Welt. Bei Formen dachte man seit **Winkelmann's** empirischer und **Fichte's** philosophischer Forschung an die räumlich ausgedehnten der bildenden Künste. Dadurch wurde der Begriff Form

---

*) Es dürfte nicht schwer sein, für diese Anschauung Belege herbeizuschaffen. Man vergleiche z. B. eine Stelle aus dem Buche eines Literarhistorikers, der auch als Dichter bekannt ist: „Die Lyrik der letzten Jahrzehnte, sagt R. Gottschall in seiner deutschen National-Literatur des neunzehnten Jahrhunderts 2. Bd. p. 327, überflügelt bei weitem die Lyrik des achtzehnten Jahrhunderts, sowohl was die Ausbreitung und Tiefe des Gehaltes, als auch was den Reichthum an originellen Talenten, den Glanz und die Fülle der Formen betrifft."

in einem eigenthümlichen Sinne genommen, und sein Vorbild durch Generalisirung auf alle anderen Künste ausgedehnt. Darin liegt nämlich der Grund, warum man in der Folge von leeren und ideenreichen Formen sprach. Um dies klarer zu machen, muß etwas vorweg genommen werden, wovon erst bei den einzelnen Künsten gehandelt werden soll. Das Material, aus dem für den Künstler Gestalten und für das Urtheil Verhältnisse erwachsen, sind in der Plastik körperliche Umrisse, in der Malerei farbige Flächen oder deren Abstraction, das Hellbunkel. Körperliche Umrisse oder farbige Flächen können nun zugleich der Ausbruck bestimmter Gedanken sein, und dadurch greifen sie in dasjenige Element hinüber, aus dem die Poesie ihre Gebilde formt. Der Gedankenverbindungen gibt's sehr verschiedenartige: tiefe und geistreiche, einfältige und nichtssagende. Dieselben werden, auf plastische oder malerische Weise dargestellt, natürlich dieselben bleiben. Mit anderen Worten: wir haben leere und ideenreiche plastische oder malerische Formen. Ideenreiche Formen sind dann solche, die schöne Gedankenverhältnisse in der Plastik durch Umrisse symbolisiren, leere, bei denen dies nicht der Fall ist. Nur dies muß dabei festgehalten werden, daß durch die bloße Symbolisirung der ästhetische Werth nicht begründet wird. Sowie ein einzelner Gedanke für sich gleichgiltig ist, ebenso ist es ein einzelner körperlicher Umriß und sowie erst ein Gedankenverhältniß oder eine Gedankenverbindung, sei es in der Phantasie des Künstlers oder im Urtheile des Betrachters eines Kunstwerkes, das Prädicat schön verlangt, ebenso ist es in der Plastik der Fall. Leere, d. h. ganz verhältnißlos symbolisirte Gedanken in der Plastik können daher auch nicht schöne sein. Die Gehalts-Aesthetik dagegen spricht von geist- und ausdrucksvollen Formen zum Unterschiede von den gegentheiligen in einem ganz anderen Sinne, als ob nämlich der bloße geistige Ausdruck den Werth des Schönen im plastischen Werke hervorzaubere. Dadurch wird der Gedanke zum Werthgeber und der Umriß zur Hülle. Man frägt jetzt nicht mehr: welches durch körperliche Umrisse symbolisirte Gedankenverhältniß gefällt mir, daß ich es schön nennen muß? sondern: ist hier ein Gedanke ausgedrückt, der durch seine Anwesenheit im Staube ist, der Gestalt die Schönheit zu geben?

Aber vollständig scheint auch damit die Sache noch nicht erledigt zu sein. Es könnte wohl Jemand den Einwand erheben: Gesetzt auch, es habe ein Mensch ein ganz geistloses Aussehen, d. h. es seien gar keine Gedanken durch körperliche Umrisse symbolisirt, welche schöne Verhältnisse bildeten, so urtheile doch die ganze Welt, wenn sie die normalen Züge und den regelrechten Bau betrachte, daß das Aeußere der Gestalt zwar schön sei, aber der gänzliche Mangel an geistigem Ausdruck den schönen Eindruck der Formen schwäche und in seinem Werthe vermindere, und der Form-Aesthetiker müsse dennoch, obwohl er im Gehalte gar keinen Werth anerkenne und alles Heil von der Form erwarte, aus diesem eclatanten Falle erkennen, daß die Form eine leere bleibt, wenn sie nicht ein Gedanke beseelt und daß seine Anschauung mit Recht eine exclusive genannt zu werden verdiene.

Dieser Einwand enthält Richtiges, unterschiebt Unrichtiges und vermengt Beides. Richtig ist, daß die durch körperliche Umrisse symbolisirten Gedanken hier mangeln, unrichtig, daß die Leerheit des geistigen Ausdruckes den schönen Eindruck der vorhandenen Formen beeinträchtige oder gar aufhebe, und daß somit die Frage nicht ausgeschlossen ist: ob vielleicht hier noch andere Verhältnisse vorhanden sind, die zwar nicht eigentlich plastische sind, aber mit den plastischen in Verbindung stehen, aus welchen jener Rest des Wohlgefallens übrig blieb, den man der bloßen Form zuschreiben zu müssen glaubte, ohne daß Gedanken symbolisirt erscheinen? In der That sind zwar körperliche Umrisse oder plastische Formen, wenn man sich als Object, gleichsam als Gerüst, an dem sie sich befinden, irgend eine Persönlichkeit denkt, die wichtigsten aber nicht die einzigen Formen, die sich dem Urtheile darbieten. Da der menschliche Körper ein Bau innerer Zweckmäßigkeit ist und innere Zustände hat, die mit der äußeren Veränderlichkeit in causalem Zusammenhange stehen, so sind uns diese Formen zugleich Repräsentanten für bestimmte innere Zustände. Wenn man nun sagt: dieses Gesicht ist geistlos, so heißt dies nichts anderes, als es fehlen in den körperlichen Umrissen diejenigen Züge, welche gewisse innere Zustände verrathen, die man mit "Geist" bezeichnet, während außerdem noch lineare und flächenförmige Verhältnisse vorhanden sind, denen man den Beifall nicht versagen kann. Dieser wird auch dann noch bestehen bleiben, wenn die körperlichen Umrisse gar keinen Ausdruck offenbaren sollten. Wenn also in einem solchen Falle man zu entgegengesetztem Ausspruche geneigt wäre, das Gesicht schön und nicht schön zu nennen, so muß die Entscheidung lauten: Beide urtheilen richtig, aber Jeder beurtheilt Anderes, der Eine plastische, der Andere malerische und architektonische Formen.

Wenn man nun, ohne diese Unterscheidung zu machen, von leeren Formen ohne die das Schöne erst erzeugende Idee spricht und das Verhältniß dieser leeren Formen zur Idee, welches nur in der Plastik einen bestimmten Sinn hat, auf die ganze Aesthetik zu übertragen sich anschickt, so ist man offenbar in großem Irrthume. Die Formen, die man hier leere genannt hat, sind gar keine eigentlichen plastischen Verhältnisse und ihr Werth bleibt auch dann noch bestehen, wenn sie nicht diejenigen sind, die man hier erwartete. Aber der Contrast zwischen den angeblich leeren und bedeutungslosen Formen und deren Gegentheil schien gar zu augenscheinlich zu sein, als daß man sich nicht hätte verleiten lassen sollen, auf dieser falschen Fährte weiter zu gehen. Es wurden zwei verschiedene Welten geschaffen, aus welchen das Schöne hergeleitet werden müsse und wo beide in rechtem Maße zur Einheit, zum Einklang oder zur Harmonie verbunden wären, dort sollte die wahre Schönheit sein. Es ist dies eine Art von doppelter Buchhaltung auf dem praktischen Gebiete der Philosophie. Leider aber weist die gezogene Bilanz den einen der Factoren als gänzlich zahlungsunfähig und demgemäß als permanenten Schuldner auf. Der eine Grund liegt eben darin, daß die Form im plastischen Sinne auf alle anderen Künste übertragen wird, der andere, gewichtigere, darin, daß theoretische Erkenntniß und praktische Werthschätzung nicht scharf von einander geschieden werden. Es scheint als könne man sich nicht von dem Gedanken trennen, daß, wo immer Formen als Symbole für Gedanken auftreten, schon der Grund vorhanden sei, welcher den ästhetischen Werth bedinge. Das ist aber lediglich Sache der theoretischen Er-

kenntniß, während die praktische Werthschätzung, nachdem
das Was zur klaren und deutlichen Vorstellung gebracht ist,
d. h. unter Voraussetzung der theoretischen Erkenntniß für
ihr Urtheil, nur frägt, zu welchen Verhältnissen irgend
welche einzelne Elemente, mögen es Gedanken oder Symbole
der Gedanken sein, sich verbunden haben, um das Prädicat
wohlgefällig oder mißfällig mit unmittelbarer Evidenz her=
vorzurufen. Dies ist die einzig mögliche Art das Schöne zu
begründen.

V.

Theoretische Erkenntniß und praktische Werthschätzung machen sich in allen einzelnen Künsten geltend. Jene knüpft all' ihr Interesse und all' ihre Theilnahme an den an sich gleichgiltigen Stoff, den sie durch Ertheilung allerhand leerer Titel, wie Idee, Gehalt u. s. w. gerne in den Rang des ästhetisch Werthvollen erheben möchte, — diese, obwohl sie diese Erkenntniß voraussetzt, erhält von ihr doch nicht, was sie nicht besitzt, sondern bewirkt aus eigenen Mitteln, daß durch sie allein aus der Art, wie ihr der Stoff erscheint, der ästhetische Werth begründet werden kann. Aber jede einzelne Kunst hat einen besonderen Stoff und demgemäß auch besondere Formen für das Urtheil. Gelingt es, diesen Stoff genau in's Auge zu fassen, so wird es auch heller werden für das Urtheil und den daraus abzuleitenden Werth, und alle Anmaßungen der theoretischen Erkenntniß in der idealistischen Gehalts=Aesthetik, als wäre durch ihr Erkennen schon der Werth begründet, müssen in sich selbst zerfallen. Das Was jeder Erscheinung oder jedes Gedankens ist eben an sich ästhetisch gleichgiltig; soll sich aber ein Werth daraus ableiten lassen, so kann er nur in dem Wie dieser Erscheinung gesucht werden.

Es könnten nun, um die Form= und Gehalts=Aesthetik in das rechte Licht treten zu lassen, irgend welche beliebige

Künste, welche das Schöne darstellen, empirisch aufgenommen werden, um als Anknüpfungspuncte zu dienen, was an ihnen als Stoff ästhetisch gleichgiltig und was als Form ästhetisch werthvoll sei. Aber durch eine solche empirische Blumenlese ist weder die Vollständigkeit ihrer Aufzählung verbürgt, noch könnte man dadurch einer gegenseitigen Vermischung und einer dadurch bedingten Schwierigkeit für die Untersuchung vorbeugen, weil es in der Wirklichkeit einfache und gemischte Künste gibt. Möglich sogar, daß ein Element, welches die Begriffe darbieten, in der Wirklichkeit gar keine gesonderte Darstellung besitzt, sondern nur in Verbindung mit anderen Künsten steht, woraus zugleich der Unterschied von Kunst im philosophischen Sinne, und Kunst in wirklicher Darstellung durch die Hand des Künstlers einleuchtend wird. Die ersteren ergeben sich aus den Begriffen, die letzteren aus der Erfahrung.

Wenn man sagt, die Künste, welche das Schöne darstellen, werden nur durch die höheren Sinne des Gesichtes und Gehöres vermittelt, so liegt darin schon die Andeutung, daß der Raum und die Zeit diejenigen Elemente in sich tragen, aus welchen sich eine vollständige Aufzählung aller einfachen Künste ableiten läßt. Schon Herbart sagt*): Die ästhetischen Elementarverhältnisse zerfallen in zwei Hauptclassen; ihre Glieder sind entweder simultan oder successiv. Er nennt deshalb**) Raum und Zeit als die Quellen sehr vieler in alle Künste einfließender ästhetischer Verhältnisse. Aber damit ist der Weg nur angedeutet, auf welchem die vollständige Aufzählung aller einfachen Künste erlangt werden

---

*) Lehrb. zur Einl. S. W. I. p. 149.
**) A. a. O. p. 152.

kann. Ueber die Ausführung dieser Andeutung gibt Zimmer=
mann einigen Aufschluß*), wovon die weitere Darlegung
und Begründung im zweiten Theile behandelt werden soll.
Alle einfachen Künste sondern sich nach den Dimensionen des
Raumes und in analoger Weise denen der Zeit. Hinsichtlich
der ersteren enthält das eigentliche Element der Architektur
eine, das der Malerei zwei und das der Plastik drei Di=
mensionen. In gleicher Weise sollen für die analogen Dimen=
sionen der Zeit die Elemente der Rhythmik, Musik und Poesie
in aufsteigender Folge je den früher genannten Künsten ent=
sprechen.

Verfolgen wir nun weiter diese Andeutung, so werden in
der Architektur lineare Verhältnisse, in der Malerei Flächen,
in der Plastik körperliche Umrisse das Urtheil zum Beifall
oder Mißfall auffordern, ebenso auf entsprechende Weise in
den drei übrigen einfachen Künsten Zeittheile, Töne und Ge=
danken. Damit aber diese elementaren Verhältnisse, wie sie
zunächst die Begriffe geben, in voller Reinheit für sich fest=
gehalten werden können, ist es vor allen Dingen nöthig,
alle Gedanken an eine mitgetheilte wirkliche Kunst vorerst
zurückzuhalten, um aller Verbindung und der dadurch herbei=
geführten Vermischung der genannten Elemente unter einan=
der vorzubeugen, namentlich jener naturgemäßen Verbindung,
nach welcher unter den zeitlichen der aufgezählten Elemente
das folgende die ihm vorangegangenen in sich schließt, unter
den räumlichen ein jedes mit jedem verbunden gedacht werden
kann, so daß also die Musik auch rhythmische Elemente in
sich fasse, die Poesie aber musikalische und rhythmische, und

*) S. Gesch. d. Aesthetik p. 787.

in anderer Weise die Architektur zugleich malerische und pla=
stische, die Malerei architektonische und plastische und endlich
die Plastik architektonische und malerische. Um nun den
Schwierigkeiten, welche aus einer derartigen Verbindung für
die Untersuchung entstehen, zu entgehen, muß man vor allem
auf das ursprüngliche und einheimische Element einer jeden
Kunst sein volles Augenmerk richten, um das was der theo=
retischen Auffassung unterliegt, von dem was der praktischen
Werthschätzung zukommt, streng von einander sondern zu
können. Denn was ich durch jene erkenne, wird ästhetisch=
gleichgiltig, was ich durch diese beurtheile, wird ästhetisch=
werthvoll sein.

Bevor aber auf die einzelnen Künste eingegangen wer=
den kann, um den angedeuteten Erkenntniß = Stoff von der
Werthschätzungs = Form zu trennen, muß noch auf die an=
dere Bedeutung des Begriffes „Stoff" aufmerksam gemacht
werden, in welcher er uns bei jeder einzelnen Kunst immer
wieder begegnen wird. Wir redeten vom Stoff einmal in dem
Sinne, daß er als einzelnes Glied eines ästhetischen Ver=
hältnisses gedacht wurde. Als solches ist er an sich gänzlich
gleichgiltig, interessirt nur die theoretische Erkenntniß und
fordert uns auf keine Weise zu einem Urtheile des Beifalls
auf. Dies wäre also der Stoff im eigentlichen und ursprüng=
lichen Sinne. Wenn man dagegen sagt, die Faustsage sei
der Stoff der gleichnamigen Tragödie von Göthe, Karl V.
ein Porträt von Tizian, so kann hier Stoff nur in abgelei=
tetem, kunsthistorischem Sinne gemeint sein. An sich trägt der=
selbe schon ästhetische Elemente, ist also nicht mehr gleich=
giltig wie im ersteren Sinne, für den Künstler ist er zugleich
auch das Object der theoretischen Auffassung und insofern

gleichgiltig, erhält aber durch dessen Idealisirung einen (und
zwar höheren) Werth. Wollte die „individuelle Psyche", welche
in diesem Puncte ihren Sitz hat, mit dem Anspruche auf
ästhetischen Werth aus eigenen Mitteln auftreten, so bliebe
sie in der Untersuchung auf halbem Wege stehen, da sie
Gleichgiltiges und Werthvolles noch vereinigt in sich trägt,
und denjenigen Punct noch nicht erreicht hat, von dem aus
man sie selbst und den Grund des Werthes beurtheilen kann.
Darnach unterscheidet sich von selbst Stoff im eigentlichen
Sinne, insofern er Glied eines ästhetischen Verhältnisses ist,
und Stoff im abgeleiteten Sinne, insofern er Object oder
Vorwurf des Künstlers ist. Der erstere ist gänzlich gleich=
giltig, der letztere enthält Gleichgiltiges und Werthvolles;
der erstere hat nur für die Erkenntniß Interesse, der letztere
für Erkenntniß und Werthschätzung zugleich. Man könnte
wohl auch noch vom Stoff in einem dritten, nämlich phy=
sischen Sinne reden, indem man an Holz, Marmor, Lein=
wand, Saite u. s. w. denkt, allein dieser Stoff steht in gar
keinem Betracht zum ästhetischen Urtheile, daher er gänzlich
unberücksichtigt gelassen werden kann.

Was nun die Architektur betrifft, so scheint es auf
den ersten Blick, als ob das architektonische Kunstwerk, sowie
das der Plastik, sich aller drei Dimensionen bediene. In der
That hindert auch gar nichts, dasselbe als ein plastisches
mit drei Dimensionen in's Auge zu fassen. Aber damit
wäre auch das ursprüngliche Gebiet der Architektur verlassen
und der Auffindung ihrer Elemente würden Schwierigkeiten
in den Weg treten. Um also das einheimische Element in
der Architektur aufzufinden, kann nichts ersprießlicher sein,
als von den Umrissen, wie sie ein plastischer Körper an sich

hat, ganz abzusehen, zumal da durch den entweder blos ver=
deckten (wie bei Werken der griechischen Baukunst) oder ganz
geschlossenen Raum (Pyramiden, Gothik) der Zweck, welcher
versinnbildlicht wird, nicht wie beim plastischen Werke in ihm
selber liegt. Es bleiben also zunächst nur Flächen übrig. Aber
diese bieten nicht durch den Wechsel der Farben oder durch
ein abgestuftes Hellbunkel objective Verhältnisse dar, so daß
man aus ihnen das eigenthümliche Aesthetisch=Werthvolle in
der Baukunst erkennen könne, sondern die Art ihrer Be=
grenzung, d. h. die Verhältnisse der Linien, die sich an
ihnen finden, machen einen ästhetischen Eindruck, welcher
lediglich der Architektur angehört. Also sind schließlich Li=
nien derjenige Stoff, aus dem die wohlgefälligen Verhält=
nisse gebildet werden, und der Parallelismus, der rechte
Winkel, die Symmetrie einfache Verbindungsarten von Linien,
sei es geraden oder gekrümmten. Die Schönheiten der Linien=
verhältnisse offenbaren sich am reinsten und eigentlichsten am
Grundriß, weiterhin an den Wänden, soweit sie nicht durch
Elemente anderer Künste das Wohlgefallen in Anspruch nehmen.

Aber mit diesen Linien, welche das eigenthümliche Ele=
ment in der Baukunst sind, ist das stoffliche Interesse, d. h.
die theoretische Auffassung, noch nicht vollständig erledigt. Es
wurde schon angedeutet, daß mit den aus Linienverhältnissen
geschaffenen Gebilden auch zugleich ein gewisser äußerer Zweck
in Verbindung tritt. Der Zweck ist ein Gedanke, den ich
mir setze, also hier z. B. Aufenthaltsort für Menschen, Auf=
enthaltsort eines Gottes (griechischer Tempel), Versamm=
lungsort für religiöse Uebungen, Sockel eines Brustbildes
u. s. w., also immer ein Gedanke von bestimmtem Inhalte,
der an sich gar nicht ästhetisch ist, aber doch die Veranlassung

ift, daß eine Menge schöner Verhältniffe in linearer Form
gebildet werden. Wer aus Freude über den Act seines Er=
kennens, in welchem er den inneren Zweck dieser oder jener
linearen Formen durchschaut hat, schon deshalb, weil sie
diesen Zweck ausdrücken, einen ästhetischen Werth ihnen zu=
sprechen wollte, ohne den weiteren Grund der Schönheit
allein in den objectiven Verhältnissen der Linien zu suchen,
der vergäße, daß als Postament auch ein unbehauener Fels=
block dienen kann, oder daß man, um ein Gebälk zu stützen,
nicht nothwendig Karyatiden unterstellen muß. Man hat an
dem Gedanken des Zweckes noch keinen Talisman für das
Schöne, da er ebensowenig wie eine einzelne Linie oder Farbe
die praktische Werthschätzung zu einem Urtheile des Beifalles
oder Mißfallens anregt. Zudem schlagen die Funken des Ge=
dankens gerade in der Baukunst am allerspärlichsten durch.
Um einen einzigen Gedanken anschaulich darzustellen, muß
eine ganze Maffe von Linien mitwirken. Einen viel breiteren
Raum der Verdeutlichung haben Malerei und Plastik durch
die physiognomische Bedeutung der Farben und Umriffe, wäh=
rend hingegen in der Musik an die Stelle des klaren Ge=
dankens die Tonvorstellung tritt, welche nur den dunklen
Verlauf der Gedanken objectivirt, also statt des klaren Ge=
dankens als stoffliches Element nur ein Gefühl auftritt. Nur
die Poesie schafft all' ihre Gebilde aus Gedanken.

Darnach ergibt sich eine doppelte Reihe von einzelnen
Elementen, Gedanken und Linien, welche an sich ästhetisch
gleichgiltig sind und nur die theoretische Auffassung interes=
siren; was aber aus der Verbindung dieser Linien und Ge=
danken die praktische Werthschätzung zu einem Urtheile des
Beifalls auffordert, hat ästhetischen Werth. Dieser wird sich

entweder durch Linear-Verhältnisse als eigentliche architektonische Schönheit darstellen, oder durch Gedanken-Verhältnisse,
welche mit architektonischen Mitteln versinnbildlicht werden,
als poetische Schönheit offenbaren.

Was nun den Stoff in abgeleitetem Sinne betrifft, so
wurde schon oben gesagt, daß, wenn er das Object eines
Künstlers ist, um daraus ein eigenthümliches Werk zu schaffen,
er als solches Gleichgiltiges und Werthvolles neben einander
enthalte; letzteres an sich, ersteres für die Phantasie des
Künstlers und seine idealisirende Umgestaltung. Da aber der
Künstler einen auf diese Weise, wenn auch unvollkommen
gestalteten Stoff vorfindet oder entdeckt, so stößt uns hier
die Frage auf, ob die Nachahmung der Natur, welche in
Malerei und Plastik eine so hervorragende Rolle spielt,
auch in der Baukunst einen Einfluß übe. Daß dem nicht so
zu sein scheint, rührt wohl größtentheils daher, weil das
Kunstwerk der Architektur zugleich einem außer ihm liegenden
Zwecke dient, den sich erst ein selbstbewußtes Wesen setzen
kann. Auch ist dabei nicht an Höhlen gedacht, die an den
Wohnungen der Troglodyten etwa ihre Nachbilder hätten,
denn sie sind meistentheils form- und regellos, und daß die
Adelsberger Grotte in Krain an gothische Domgewölbe erinnert, ist ein ganz einzelner Fall. Dagegen verrathen Producte, die dem Instincte der Thiere, namentlich der Insecten,
entkeimen, wie z. B. der Bienenstock, in den symmetrischen
und parallelen Reihen gleichsam einen bestimmten Grundriß,
oder die Anlage des Gewebes einer Spinne symmetrische Ra-
dien. Ebenso zeigt der Bau der Pflanzen, Thiere und Menschen hinsichtlich seines verticalen Durchschnittes eine Menge
linearer Verhältnisse und der Mensch unterliegt hinsichtlich

seines Gerippes ebenso den architektonischen Regeln, wie er
hinsichtlich seiner äußeren Umrisse ein Vorbild der Plastik
ist. Endlich können noch als architektonische Naturformen die
mannigfachen Arten der Krystalle erwähnt werden. — Die
primitiven Bauten der Menschen zeigen noch einen so geringen Geschmack, daß die Anlage, der Wechsel und die
Auswahl der Formen kaum noch die angedeuteten Naturpro-
ducte erreichen, aber je weiter der Gesichtskreis, je vielfacher
die Zwecke der Menschen und je zartfühlender ihr Geschmack
wurde, desto größer muß die Umsicht der theoretischen Erkenntniß und desto größer die Feinheit der praktischen Werthschätzung sein, die ein Künstler seinem Objecte einhauchen
muß, wenn es ein wahrhaft schönes Werk sein soll. Kenntniß
und Urtheil müssen ihn allenthalben begleiten. Jene liefert
ihm den gleichgiltigen Stoff, diese die schöne Form.

Nun könnte wohl Jemand einwenden: der griechische
Säulenbau, welcher den Zweck hat den Architrav zu stützen,
um dadurch einen Raum überdecken zu können, und diesen
Zweck erreicht, ohne den Raum gänzlich abzuschließen, was
bei dem südlichen Klima nicht nöthig ist, — ist er nicht von
so eigenthümlicher Schönheit und aus so eigenthümlichen körperlichen Verhältnissen zusammengefügt, daß die Linienverhältnisse, welche bisher als die eigentlich einheimischen Elemente der Architektur vindicirt wurden, hier gar nicht in
Betracht zu kommen scheinen? Dieser Einwand berührt die
schou Eingangs gemachte Andeutung, daß man das architektonische Kunstwerk auch als plastisches betrachten kann, aber
damit zugleich das begriffliche Element der Architektur ver-
läßt. Für jene plastische Betrachtungsweise des architektonischen Kunstwerkes ist indessen die griechische Säule ein recht

passendes Beispiel. Sie erscheint uns in der That wie ein eigenthümlicher Körper mit plastischen Umrissen und die Griechen zeigen sich auch in der Architektur als ein plastisches Volk. Ihre rege Phantasie wußte einen Körper zu schaffen, der nicht nur den Zweck erreichte, die Last der Decke zu tragen, sondern auch fast wie ein organischer Leib geformt war.

Wo aber statt solcher selbstständiger Schönheiten, wie die Säulen, nur einförmige Wände diese Stütze bilden, dort tritt die Ausschmückung in ihr Recht. Diese gehört nun entweder der Baukunst selbst an, indem die Flächen als Grundlage dienen, um schöne Verhältnisse von Linien zum Ausdrucke bringen zu können, oder den anderen Künsten, in erster Linie Plastik und Malerei. Von diesen gilt, was Rückert von der Rose sagt:

Wenn die Rose selbst sich schmückt,
Schmückt sie auch den Garten.

Wenn man also das Aeußere eines Palastes oder einer Kirche in's Auge faßt, so ist das Auge nicht auf architektonische Verhältnisse allein gerichtet, sondern auf die Verbindung derjenigen schönen Künste, welche Raumdimensionen an sich tragen. Daß die Bauwerke der Griechen trotz ihrer reichen Ornamentik nichts an der eigenthümlichen architektonischen Schönheit verlieren, liegt zum großen Theile an ihrem Säulenbau, der dem Betrachter die Verhältnisse seines Grundrisses und Aufbaues in ganz durchsichtiger Weise darstellt und es auf diese Weise möglich macht, daß die Linienverhältnisse, in denen die architektonische Schönheit ihre Heimath hat, in recht auffälliger Weise das Urtheil zum Beifall auffordern können.

In der Malerei sind die Formen, aus denen der

Werth dieser Kunst abgeleitet werden muß, flächenartig. Aber die Fläche an sich bietet keine von einander unterschiedenen Theile, aus denen sich Verhältnisse bilden ließen. Dies wird ermöglicht durch die Farben und den Grad der Beleuchtung. Die Frage, ob eine farbige Fläche durch einen farbigen Punct ersetzt werden köune, würde mit der physiologischen Thatsache streiten, daß die Lichtempfindungen durch die flächenförmige Netzhaut vermittelt werden. Also ist eine farbige oder eine mehr oder weniger beleuchtete Fläche derjenige Stoff, aus dem die schönen Verhältnisse der Malerei gebildet werden. Wenn man nun sagt, diese Farbe sei angenehmer als jene, so ist der Grund eines solchen Urtheils lediglich ein subjectiver, kein aus objectiven Verhältnissen herrührender, denn es läßt sich hier das Subject dieses Urtheils von seinem Prädicate gar nicht begrifflich sondern, mit anderen Worten, ein einzelnes Element für sich betrachtet, ist ästhetisch gleichgiltig, und hat als solches nur für die theoretische Auffassung Interesse, wenn auch unter den Wirkungen der einzelnen Farben ein Gegensatz sich herausstellt, der mit jenem Gegensatze des ästhetischen Wohlgefallens und Mißfallens ähnlich zu sein scheint. Um dagegen den ästhetischen Eindruck schöner Farbenverhältnisse recht rein zu haben, denke man an ein Landschaftsgemälde, nicht an ein historisches Gemälde; denn diese beiden verhalten sich wie Instrumentalmusik und Oper. Oder man halte sich eine Naturlandschaft vor das geistige Auge, etwa einen leichtbewölkten Frühlingsabend im Gebirge, mit seiner bei weitem größeren Frische und Lebendigkeit der Farben, als sie ein Gemälde hat, um recht inne zu werden des mannigfachen Schönen, welches lediglich durch die Verbindung einzelner Farben zu ge-

wissen Verhältnissen entsteht. Recht herzergreifend und über
die ewig gleiche und ewig frische Wirkung der Naturfarben
Kunde gebend sind die Worte Uhland's.

> O Sonn', o ihr Berge drüben,
> O Feld und o grüner Wald,
> Wie seid ihr so jung geblieben
> Und ich bin worden so alt!

Das sanfte, schmelzende Gefühl, in welches wir durch
den Anblick einer Abendlandschaft versetzt werden, ist eine
Wirkung, die fast allein durch die Farben hervorgebracht
wird und die Aufgabe der Kunst ist es, eine solche harmonische Verbindung wohlgefälliger Farbenverhältnisse zu schaffen.
Aber wie kamen wir dazu, die Landschaftsmalerei von der
historischen zu trennen, und der ersteren eine größere Einfachheit des elementaren Stoffes und der ästhetischen Form
zuzuschreiben? Offenbar ist der Kreis des gleichgiltigen Stoffes, welcher der theoretischen Auffassung zufällt, und der
werthvollen Formen, welche dem Urtheile der praktischen
Werthschätzung anheimgegeben sind, noch nicht vollständig geschlossen.

Die farbigen Flächen sind begrenzt. Als solche unterliegen sie nach Anlage und Bau den Normen linearer Verhältnisse. Sie haben also eine bestimmte Zeichnung und bedie-
nen sich, um auch die dritte Raumdimension darzustellen, der
Perspective. Dadurch gelingt es ihnen, menschliches Leben
und Treiben, menschliche Zustände und Thaten darzustellen.
Für jeden bestimmten Ausdruck haben sie eine bestimmte Zeichnung und Farbe und werden zum Symbol geistiger Zustände.
Es sind nun Gedanken und Gesinnungen, denen ein bestimmter Ausdruck entspricht, und indem der Betrachter die Hülle

durchbricht, die das Symbolische an sich selbst hat, eröffnet sich ihm ein ganz neues Feld: die Welt der Gedanken. Diese sind aber von gar mannigfacher Art. Es kann ein sinnlicher, die Begierde aufregender Gedanke sein, wovon Rosenkranz in der Aesthetik des Häßlichen*) Beispiele gibt, oder ein böser, das Gefühl empörender, wie in der Darstellung des Kindermörders, oder ein veredelnder, den Patriotismus be= lebender, wie beim Anblicke der Nationalhelden. Aber der Gedanke verleiht weder dem Bilde seine malerische Schön= heit, noch ist er für sich allein betrachtet schön, von jenem ästhetischen Werthe ganz zu schweigen, dessen Begründung die bloße Symbolisirung ersetzen soll.

Ein Gedanke ist vielmehr als ein einzelner ebenso gleich= giltig wie eine Farbe. Indem aber das Symbol wie ein Arm in eine andere Welt hinübergreift, wird die Möglichkeit er= öffnet, daß Gedanke mit Gedanke sich verbinden kann und die Malerei, soweit sie von diesem Felde der Poesie Besitz nimmt, zu den einheimischen Schönheiten noch poetische hin= zufügen kann. Gedanken und Gesinnungen der Menschen werden uns durch die anschauliche Darstellung offenbar und durch das leise Band, welches die Malerei mit der Poesie geknüpft, gewinnt sie einen Theil aus der reichen Fülle, welchen die Poesie erhalten hat. Recht passend lassen sich, um für die malerische und poetische Seite in einem Bilde ein Beispiel zu haben und zugleich um den Geist Raphael= scher Conception zu begreifen, die Göthe'schen Worte im Faust auf die sixtinische Madonna in Dresden anwenden:

---

*) p. 456.

8*

Alles Vergängliche
Ist nur ein Gleichniß;
Das Unzulängliche
Hier wird's Ereigniß;
Das Unbeschreibliche
Hier ist es gethan;
Das Ewig = Weibliche
Zieht uns hinan.

Ließ sich auf dem bisherigen Wege der an sich gleich=
giltige Stoff von der allen ästhetischen Beifall erzeugenden
Form genau sondern, so gilt dies nicht in gleichem Maße
von dem Stoffe in abgeleitetem Sinne, welcher Object der
Darstellung des Künstlers ist. Sein Werk ist für die Mit=
theilung bestimmt und bedarf deswegen aller Hilfen, welche
nöthig sind, um die vollkommene Apperception möglich zu
machen; es bedarf ebenso seines vollen und reinen Geschmacks,
um dem schönen Werke ein ideales Leben einzuhauchen.
Die erstere Bedingung wird erfüllt werden können durch die
theoretische Kenntniß, die zweite durch das praktische Urtheil
des Künstlers. Im Objecte selbst liegen für beide Seiten
Anhaltspuncte. In Ansehung der ersteren wird dasselbe als
gleichgiltig, des letzteren als ästhetisch werthvoll behandelt.
Aber dieser Werth erscheint in unvollkommener Reinheit der
Form, ist getrübt durch unwesentliche Zuthaten, welche die
Faßlichkeit erschweren. Dem Künstler liegt es ob, alle diese
Züge in reiner ästhetischer Form an's Licht zu ziehen und
seinem Stoffe eine vollendete Durchsichtigkeit zu geben. Statt
vieler Fälle sei nur einer herausgehoben, das Porträt. Les=
sing sagt im Laokoon: der Maler soll so malen, wie die
schaffende Natur das Bild ursprünglich sich dachte, oder, wie
Aristoteles in der Poetik sich ausdrückt, gute Porträtmaler

seien diejenigen, welche die Menschen zwar ähnlich aber idea=
lisirt bilden. Von unseren heutigen Photographien freilich
würde Aristoteles anders geurtheilt haben; wahrscheinlich, sie
seien diejenigen Bilder, welche den Menschen zwar ähnlich,
aber nicht idealisirt darstellen. Der Porträtmaler sucht eben
erst den individuellen Grundthypus und die bleibenden Cha=
raktereigenthümlichkeiten einer Persönlichkeit zu erkennen, um
die rechten Verhältnisse der Zeichnung und Farbe darstellen
zu können. Die Kenntniß jener liefert ihm den Stoff, das
Urtheil über die Art ihrer Verbindung die Form, welche des
reinen ästhetischen Eindruckes nicht ermangeln wird.

Außer den poetischen Schönheiten, durch welche die Ma=
lerei den Kreis ihrer Darstellung reicher zu machen vermag,
müssen noch diejenigen hervorgehoben werden, welche durch
lineare Verhältnisse erzeugt werden. Dahin gehört namentlich
die Art und Weise der Gruppirung der auf einem Gemälde
vorkommenden Gegenstände und Personen. Bald ist es ein
gleichseitiges oder gleichschenkliches Dreieck, wie bei den mei=
sten Raphael'schen Gemälden, bald ein Parallelogramm, bei
welchem dann die Hauptfigur in den Durchschnittspunct der
beiden Diagonalen fällt, wie bei Lessing's Huß vor dem
Scheiterhaufen oder Kaulbach's Hunnenschlacht. Diese An=
ordnung in der Gruppirung beruht auf ganz objectiven pa=
rallelen oder symmetrischen Linienverhältnissen, um dadurch
die malerischen Schönheiten in ein helleres Licht zu stellen,
ist aber nicht mit jener Anordnung zu verwechseln, welche
blos der leichteren Faßlichkeit dient und ihren Grund nicht
in objectiven Verhältnissen, sondern in psychologischen Be=
dingungen der leichteren Auffassung hat.

Der Kreis desjenigen, welches die Malerei darzustellen

vermag, ist unendlich groß, wenn man ihn mit dem der
Plaftik vergleicht, jener individuellen Kunst, welche einen
Moment aus dem Leben eines organischen Wesens, sei es
Thier oder Mensch, herausgreift und einen ganz individuellen
Geist in die körperliche Hülle zu kleiden weiß. Zu dieser Hülle
liefert die Natur das unmittelbare Vorbild und man sollte
glauben, es dürfe nur jener allgemeine Gattungstypus der
menschlichen oder thierischen Gestalt herausgesucht werden,
um frei von allen unwesentlichen Zuthaten, als diejenige Grundform zu dienen, durch deren Nachbildung wir am leichtesten dem
individuellen Geiste einen idealisirten Ausdruck zu geben ver-
möchten. Und hat sich nicht das plaftische Volk der Griechen am
treuesten an die Natur gehalten, um jede zarte Nuance der Form
in genauester Weise wiederzugeben, in der Voraussetzung,
daß jene Grundform der Natur die Schönheit in ewiger
Muftergiltigkeit bewahre, jenes Volk, bei dem das Land nicht
nur in lauter individuelle Geftaltungen zerbröckelt, sondern
auch mit Staaten, Städten und Parteiungen gerade so be-
völkert war, wie ihre Götterhaine mit plaftischen Kunftwerken,
so daß für uns Natur und Antike als Mufter der Nachahmung aufgestellt werden?

Es soll nun zwar nicht geleugnet werden, daß für den
Künstler die Nachahmung der Natur wie ein frischer Born
auf seine Phantasie wirkt, daß jener Normaltypus schöne
Verhältnisse an sich habe, und darum verdient, das Vorbild
zu sein für alle Geftaltungen, die man aus ihm herausnimmt,
aber ein solcher Ausgangspunct dürfte unrichtig sein, wenn
es sich darum handelt, den specifisch äfthetischen Werth pla-
ftischer Formen zu begründen. Daß der Normaltypus der
menschlichen oder thierischen Geftalt schön sei, ist der äfthe-

tischen Untersuchung nicht Princip, sondern Problem; und
für sie hat die Frage denselben Werth, ob dieser Normaltypus
an sich schön oder ob er häßlich sei. Es ist irrig, wenn man
glaubt, mit jenem Normaltypus, dessen ästhetischer Werth
vorausgesetzt, nicht erwiesen wird, zugleich die Fundgrube
für jene ästhetisch werthvolle Form gefunden zu haben, welche
zur Vervollständigung ihres Werthes noch einen Geist oder
Gehalt nöthig hat, und an sich eine leere bleibt, wenn sie
dieses geistigen Gehaltes nicht theilhaftig geworden ist. Das
Kunstschöne erscheint, von hier aus gesehen, wie ein doppel-
köpfiger Janus, von der einen Seite die „technische" Vollkommenheit der Form von der anderen den geistigen Gehalt verrathend.

Indessen ist das, was man hier leere Form nennt, zum
Theil gar nicht specifisch plastische Form, und andererseits
ist die Erkenntniß desjenigen, was als gleichgiltig anzusehen
ist, nicht bis zu dem Puncte verfolgt, welcher den Ursprung
des plastischen Werthurtheils zeigt. Dies führt uns auf
die Frage: welches ist der Stoff im elementaren Sinne,
aus dem die schönen plastischen Formen gebildet werden?
Ein menschlicher oder thierischer Körper hat drei Dimensionen an sich, und ist zu einem bestimmten Baue ausgestaltet.
Dieser Bau hat in seinem Grundrisse eine Menge von linearen wohlgefälligen Verhältnissen, unter denen namentlich
die Symmetrie hervorzuheben ist, und insofern kommen hier
architektonische Schönheiten in Betracht. Auch zeigt sich hier
der Gedanke des Zweckes wie bei der Architektur, welcher
durch die einzelnen Linien des Grundrisses angedeutet wird,
und zwar sind es körperliche Functionen, welche als Zweck
der Linien erscheinen. Daraus kann man auch zugleich ersehen,

daß ein Studienkopf ohne allen geistigen Ausdruck doch nicht
ganz, weder der schönen Verhältnisse noch des Gedankens
entbehrt, nur sind dieselben nicht auf plastischem, sondern
architektonischem Boden zu suchen. Außer diesen linearen
Verhältnissen kommen noch malerische in Betracht, indem
die Oberfläche der Haut einen Wechsel der Farbe hat oder
innere Zustände, namentlich Affecte oder Leidenschaften einen
Wechsel erzeugen. Aber weder die Linien noch Flächen sind
der einheimische Stoff der plastischen Formen. Von den Farben abstrahirt man sogar, um die plastischen Formen in
reiner Gestalt zu haben. Das was nun als stoffliches Element für die Plastik allein übrig bleibt, ist der körperliche
Umriß, und eine Verbindung von mehreren körperlichen
Umrissen ist es, welche das unwillkürliche Urtheil des Beifalls oder Mißfallens hervorrufen wird.

Mit diesen einzelnen Umrissen ist aber der stoffliche
Charakter noch nicht vollständig gegeben. Thiere und Menschen
sind Wesen mit inneren Zuständen, welche in causalem Zusammenhange stehen mit der äußeren Erscheinung. Die Umrisse sind gleichsam die räumlichen Euden dieser inneren Zustände, und es ist Sache der Physiognomik und Pathognomik,
uns über diesen Zusammenhang näheren Aufschluß zu ertheilen. Wir erhalten nun bestimmte einzelne Gedanken, durch
die körperlichen Umrisse versinnbildlicht, welche auch hier
Poesie und Plastik durch ein leises Band verknüpfen, wenn
auch das Kunstwerk die simultane Gedankenverbindung in
der Plastik ganz anders als die successive in der Poesie zur
Erscheinung bringt. Der Gedanken und inneren Zustände gibt
es nun eine unendliche Menge. Sie unterscheiden sich aber
eben so qualitativ. Bekanntlich tritt, je höher ein Organis-

mus entwickelt ist, die individuelle Verschiedenheit der ein=
zelnen Wesen immer mehr zu Tage. Von den Pflanzen sind
die Exemplare einer Gattung qualitativ ziemlich gleich, bei
den Thieren schon weniger, dem einzelnen Menschen aber ist
keiner mehr gleich. Man spricht daher wohl vom Stolze des
Löwen, vom Zorne des Hundes, von der Furchtsamkeit der
Katze, aber eine solche allgemeine Charakteristik hat keine
Anwendung auf die Menschen. Für die Weckung des ästhe=
tischen Urtheiles in plastischen Umrissen wird nun der Fall
desto einfacher sein und das Urtheil desto reiner als plasti=
sches erscheinen, je geringer die Individualisirung herrscht,
also am reinsten in der Arabeske, ebenso im Thiere verhält=
nißmäßig reiner als im Menschen, und im letzteren Falle
dürfte die Büste den Vorrang haben vor der Darstellung
einer ganzen tragischen Katastrophe, wie in der Niobegruppe
oder im Laokoon. Es folgt aber daraus keineswegs der ge=
ringere ästhetische Werth der letzteren in Vergleich mit den
ersteren, — im Gegentheil, je reicher das geistige Leben der
Menschen als das der Thiere ist, desto mannigfacher sind die
daraus hervorgehenden Verhältnisse und desto größer wird
die Fülle des ästhetischen Werthes, — aber der Charakter
des specifisch plastischen Wohlgefallens tritt in den ersteren
in reinerer Gestalt heraus, in ähnlichem Maße, wie das
specifisch musikalische Wohlgefallen eher an der Instrumental=
musik anschaulich gemacht werden kann, als etwa an der Oper.

Mögen nun alle diese einzelnen Umrisse bedeutungslos
oder bedeutungsvoll, d. h. ein Sinnbild für innere Zustände
oder Gedanken sein, als einzelne interessiren sie doch nur die
theoretische Erkenntniß und sind deshalb ästhetisch gleichgiltig,
dagegen die Verbindung mehrerer Umrisse zur Harmonie

ober Correctheit ein Verhältniß erzeugt, welches von selbst
ästhetisch werthvoll sein wird.

Was den Stoff in abgeleitetem Sinne betrifft, insofern
er Object der Darstellung des Künstlers ist, so gilt hier
dasselbe, was schon oben bei der Malerei erwähnt worden
ist. Der Künstler muß seinen Stoff, der an sich schon Gleich=
giltiges und Werthvolles enthält, in reiner ästhetischer Form
zur Erscheinung bringen, alles Unwesentliche entfernen und
nur diejenigen Züge zur Geltung bringen, welche ihm ein
individuelles Gepräge und hohen künstlerischen Werth ver=
leihen. Der einfachste Fall wäre, sowie bei der Malerei das
Porträt, hier das Standbild oder die Büste. Sie zeigt
aber die reine ästhetische Form nicht in sittlicher, sondern in
specifisch ästhetischer Beziehung. Eine Schiller=Büste ohne
den Ausdruck des sittlichen Adels läßt sich freilich nicht den=
ken, dagegen ist in Rauch's Göthe jener scharfe, objective
Blick, dem die ganze Welt offen steht, vortrefflich zum Aus=
drucke gebracht, in der Büste von Schopenhauer die kernige,
fast bäurische Derbheit, bei Vitellius auf dem Wiener Bel=
vedere die ungezügelte Gefräßigkeit, und zwar nicht blos in
den unteren Gesichtspartien, sondern das ganze Antlitz ist
quammig und quappig gebildet.

Mit der Plastik ist die Reihe derjenigen einfachen Künste,
in deren einzelnen Elementen die Dimensionen des Raumes
herrschen, geschlossen; andere hieher gehörige sind gemischter
Art, wie z. B. das Relief die dritte Dimension in verjüng=
tem Maßstabe hat, die schöne Gartenbaukunst aus einer Ver=
bindung der Architektur mit dem Naturschönen besteht, von
denen jene den Grundriß, dieses den Aufbau liefert. Wenn
nun zur Construction der drei übrigen einfachen Künste analog

mit den Dimensionen des Raumes auch drei Dimensionen
der Zeit gedacht werden sollen, so versteht es sich von selbst,
daß in dieser Analogie das Gleiche nicht über das Unter=
scheidende herrschen darf. Ueber die Analogie der zeitlichen
Dimensionen gibt schon Herbart Andeutungen, wenn er
sagt: „Das simultane Schöne ist größtentheils im Raum zu
suchen, für Malerei, Plastik, und in entsprechenden Natur=
gegenständen; außerdem hat nicht blos die Musik, vermöge
der Harmonie, ihren Antheil daran, sondern auch die Poesie;
letzteres zeigt am deutlichsten die dramatische Kunst, wo meh=
rere Schauspieler zwar nicht zugleich reden, aber zugleich
auf der Bühne stehend fortwährend ihre Charaktere und
ihre Absichten vergegenwärtigen"*). Im ersten Falle sind es
eben Töne, welche nicht nur gesondert sind und ein objec=
tives Verhältniß bilden, sondern auch für unsere Auffassung
in jener Sonderung verharren, durch die das Nebeneinander
in der Succession erzeugt wird; im zweiten Falle ist es der
Gedanke, welcher zu jener zweiten Dimension noch die Tiefe
hinzubringt. Sollte aber die Succession nicht auch an sich,
abgesehen von Tönen und Gedanken, schon Verhältnisse bil=
den können, welche ein ästhetisches Wohlgefallen hervorrufen?

Wir betreten hiemit das Gebiet der einfachsten succes=
siven Kunst, der Rhythmik. So lange freilich der Blick
auf die immer gleiche Linie der Zeit gerichtet ist, wird der
praktischen Werthschätzung keine Gelegenheit geboten sein,
durch ein Urtheil über Verhältnisse, welche nur durch die
Selbstständigkeit Verschiedener entstehen, die Grenze des
Gleichgiltigen bei der theoretischen Betrachtung der Einen

---

*) S. W. I. p. 149.

Linie zu überschreiten. Aber anders wird sich die Sache ge=
stalten, wenn man Zeitabschnitte in Erwägung zieht. Da=
durch dürften wir dann zu einer Kunst gelangen, welche sich
wohl begrifflich von den andern streng sondern läßt, aber
in der Wirklichkeit keine gesonderte Darstellung hat. Es wäre
aber übereilt, wenn man wegen des letzteren Umstandes
schließen wollte, sie sei nicht das verbindende, sondern das
dienende Glied zwischen Musik und Poesie, und sie enthalte
in sich gar keine Wurzeln für Schönheiten, die ihr selbst=
ständig angehörten. An diesem Orte tritt denn auch der Un=
terschied zwischen Kunst im philosophischen Sinne und Kunst,
welche auf Mittheilung und praktischer Ausübung besteht,
am deutlichsten zu Tage. Jene sucht nur diejenigen Elemente
auf, welche das Urtheil zum Beifall oder Mißfallen auffor=
dern, unbekümmert, ob diese Elemente eine physische Realität
haben an einem wirklichen Kunstwerke oder nur als Bilder
die Phantasie beschäftigen. So sind denn die einzelnen Zeit=
theile, welche den Stoff für rhythmische Verhältnisse bilden,
an sich nur der theoretischen Betrachtung zugänglich und des=
halb gleichgiltig; sie wecken aber das ästhetische Urtheil, wenn
sie in irgend einer Verbindung zusammen auftreten.

Aber wie kommt es, könnte Jemand fragen, daß in den
bisher besprochenen einfachen Künsten, der Architektur, Ma=
lerei und Plastik, die sinnliche Anschauung eine directe Con=
trole führen konnte für die endgiltige Entscheidung des Ur=
theils über den Werth der Formen, während dies bei den
rhythmischen Verhältnissen durchaus unmöglich ist? Die
Rhythmik scheine also keine selbstständige Kunst zu sein in
dem Sinne, als man von Malerei oder Plastik spricht.
Dieser Einwand spricht von der Mittheilung der Kunst und

glaubt, daß der selbstständige Werth rhythmischer Formen
darunter leide, wenn sie nicht auch selbstständig dargestellt
werden können, wie etwa Farben oder Töne. Der Grund
dafür, daß die Rhythmik nicht als selbstständige Kunst mit=
getheilt wird, kann nur in der Mittheilung selbst liegen. Die
bisher besprochenen Elemente von Linien, Farben und Um=
rissen unterliegen nicht blos der Beurtheilung hinsichtlich ihres
Werthes, sondern sind auch der sinnlichen Wahrnehmung des
Auges, zum Theil auch des Tastsinns zugänglich. Nannte ja
doch Herder das Sehen ein verklärtes Tasten. Wir können
auch umgekehrt sagen: die Augen sind die Hände des Kopfes.
Die Elemente der Musik und Poesie werden durch das Gehör
vermittelt, und zwar die Töne unmittelbar, die Gedanken
durch die Sprache. Daß aber auch den rhythmischen Ele=
menten eine gewisse Empfindung entspricht, dürfte nicht schwer
nachzuweisen sein. Beim Anhören eines Marsches oder beim
Tanzen erfolgt eine unwillkürliche Bewegung unserer Füße
nach dem gleichen Rhythmus, als wären sie dessen vermit=
telnde Empfindungsorgane und die Ohren zugleich die Füße
des Kopfes. Diese Wirkung wird auch dann erreicht, wenn,
wie bei der Trommel, das eigentlich Musikalische in den
Hintergrund tritt. Herbart nannte sie daher auch ganz
richtig nur antreibend, denn die Trommel ist das rhythmische
Instrument. Aber diese rhythmischen Empfindungen sind nur
durch die Vermittlung des Gehörs entstanden. Sollen deutliche
und bestimmte Unterschiede in dem durch die Sinne Wahr=
genommenen hervortreten, so kann dies nur durch hörbare
Ton= oder Wortvorstellungen geschehen, welche einen unmit=
telbaren Empfindungsinhalt haben, daher nur Musik und

Poesie diejenigen Künste sind, durch welche die Rhythmik den Sinnen mitgetheilt wird.

Die Frage nach der sinnlichen Wahrnehmbarkeit führte uns aber von der eigentlichen ästhetischen Untersuchung und dem begrifflichen Elemente ab. Jene fragt nicht, ob und wie Elemente mittheilbar sind, sondern ob einzelne Elemente in objectiver Weise ein solches Verhältniß bilden, daß ein hinzutretendes Urtheil unmittelbar zu einem Ausspruche des Beifalls oder Mißfallens getrieben wird, und es ist gleichgiltig, ob die zusammentretenden Glieder wirklich seiende oder nur gedachte Dinge sind. Dies muß sich nun auch auf die Rythmik anwenden lassen. Die stoffliche Seite derselben bildet die Bewegung mit ihrem zeitlichen Verlaufe im Allgemeinen oder eigentlich die einzelnen Zeittheile derselben, welche ein Zusammen und dadurch ein Verhältniß bilden können. Die Bewegung hat an sich Extension und Intension; nach dem Maße jener gibt es bestimmte Theile, nach der Geschwindigkeit dieser bestimmt modificirte Theile. Es ist also eine Quantität und Qualität zu unterscheiden, und die Rhythmik mit besonderer Beziehung auf Poesie spricht demgemäß von Prosodie oder Silbenmessung und von den Versfüßen; ebenso gibt es in der Musik lange und kurze Noten und andererseits Tempo und Tact.

Wo sich nun irgend eine ganz bestimmt ausgesprochene Verbindung solcher einzelner Zeittheile zeigt, wird, sobald dieselben zur deutlichen Vorstellung gebracht sind, das Gefühl des Gleichgiltigen wie mit einem Schlage vernichtet, und es dringt sich uns von selbst der Ausspruch auf: dieses Verhältniß sei ein wohlge=, jenes ein mißfälliges. Und wie sich das Maß der Verbindung an dem einfachsten Elemente zeigt, so fordern wir es für ein größeres Ganze, denselben Einklang in der Anordnung am Samenkorn, wie am mächtigen Baume. Unser Urtheil thut dabei überall dasselbe, das eine Mal in kleinem, das andere Mal in großem Umfange; nur daß sich im letzten Falle ein dunkles Gefühl der Harmonie oder Disharmonie kundgibt, während im ersteren bei der leichteren Uebersicht das Urtheil seine Billigung oder Mißbilligung sofort aussprechen kann. Dazu kommt noch, daß die rhythmischen Verhältnisse in der Musik und Poesie nur eine ganz untergeordnete Rolle zu spielen scheinen, während Melodie und Harmonie einerseits und Gedankenverbindungen andererseits das Hauptinteresse in Anspruch nehmen. Aber die rhythmischen Verhältnisse wirken doch selbstständig, wenn sie auch unter die Schwelle gedrückt werden, und zeigen ihre Macht, wenn sie verletzt werden. Die weitere Verbindung der rhythmischen Elemente wird in der Poesie durch Verse, Strophen, Gesänge, Scenen, Acte gebildet, wofür griechische Dichter die anschaulichsten Belege liefern. In der Musik ist der Satz zugleich ein größeres rhythmisches Ganze. Dieser hat so gut wieder seine einzelnen Theile, welche wie in der Poesie in Strophen und Verse sich gliedern lassen. Um einen anschaulichen Ueberblick und leichtere Einsicht zu gewähren, kann das variirte Thema als Beleg hiezu gewählt werden. Die Variationen bilden dann gleichsam die Strophen und die Tacte die Versfüße. Die Strophe zerfällt in ganz bestimmt von einander unterscheidbare Theile oder Verse, die theils durch Ruhepuncte des Melodienganges, theils durch Wiederholung desselben Motives erkannt werden. Sie ist meistentheils vierzeilig, seltener drei-, fünf- und sechszeilig. Die einzelnen Zeilen haben meistens eine gleiche Tactzahl.

Beispiele für die dreizeilige Strophe finden sich in Schumann's Sonate op. 14, bei welcher die Tactzahl bei jeder Zeile des variirten Thema's acht beträgt, ebenso op. 5. Bei der vierzeiligen Strophe ist die Zahl der Tacte einer Zeile regelmäßig vier oder acht, z. B. Beethoven Sonate op. 109; op. 12, 1; op. 30, 1; Trio op. 1, 3; op. 11; Quartett op. 18, 5; Septett op. 20; Serenade op. 8; op. 25; Schumann sur le nom „Abegg" op. 1; études op. 13; op. 46; Mozart, Clavierwerke, Heft 32, Nr. 1 und 2. Die fünfzeilige Strophe findet sich in Mendelssohn's Andante op. 82, ferner in Beethoven's Sonate op. 26, bei welcher sich das Verhältniß in folgender Weise herausstellt:

8, 8, 8, 2, 8;

in Mozart's Sonate in A-dur:

4, 4, 4, 4, 2.

Hier hat die Schlußzeile von zwei Tacten ein ganz ähnliches Verhältniß zur Strophe, wie der adonische Vers in der Sapphischen. Die sechszeilige hat Beethoven in der Sonate op. 47 in folgender Art:

8, 8, 11, 8, 11, 8.

Andere einfache Fälle für rhythmische Gliederung s. in Schumann's op. 10, 6 (mit dem Verhältniß: 8, 8, 8); op. 6, 11; J. S. Bach's Air de la Suite en Rè pour Orchestre (12, 12, 12) und in Mendelssohn's Liedern ohne Worte. Bei größeren Sätzen ist die Gliederung versteckter, aber doch erkennbar, z. B. in Schumann's Sonate op. 22 stellt das Scherzo folgendes Schema dar:

4, 8, 8, 4, 8; 8, 8, 16, 8;

dies läßt sich aber, wenn man je die ersten Paare zusammenzieht, in ganz symmetrischer Weise so darstellen:

12, 12, 8; 16, 16, 8.

Mozart's G-moll-Symphonie hat in ihren vier Sätzen nach Köchel's Angabe*) im Autograph folgende Tactzahlen:

299, 121, 84, 306.

Rechnet man noch alle Wiederholungen hinzu, d. h. denkt man sich das Tonwerk in demjenigen Zeitverlauf, in welchem der Componist es sich ausgeführt dachte, so sind jene Summen:

399, 175, 252, 432.

Der zweite Satz, ein Andante im ⁶/₈ Tact, ist der Zeitdauer nach dem ersten und vierten (einem Allegro molto und Allegro assai) ziemlich gleich, dagegen ist der dritte Satz (das Menuett) auffallend kürzer. Nun ergeben sich aus der Zergliederung der einzelnen Sätze in ihre Haupttheile folgende Tactzahlen:

I.   100, 100; 64, 135
II.   52, 52; 21, 50**)
III. 84, 84, 84
IV. 124, 124; 82, 102.

Hieraus ersieht man, daß der dritte Satz nicht blos nach der Dauer, sondern auch nach der Gliederung sich von den anderen unterscheidet, ferner aber, daß im ersten, zweiten

---

*) Chronologisch = thematisches Verzeichniß sämmtlicher Tonwerke Mozart's, Leipzig 1862, S. 434.

**) Hierbei sind die Tacte I. 29—32 und II. 48—51 nicht mitgerechnet, aus dem von Schumann (Ges. Schr. IV. S. 62) angegebenen Grunde, daß der zweimalige Uebergang von Desdur nach B-moll (Ges-dur nach As-moll) eine unerträgliche Wiederholung herbeiführt, welche, wie Köchel (a. a. O. S. 435) aus dem Vergleiche mit der Original-Partitur ersehen hat, gar nicht von Mozart herrührt.

Vogt: Form und Gehalt.

und vierten Sätze, welche thematisch durchgeführt sind, die einzelnen Theile derselben ein ganz ähnliches Verhältniß unter einander haben, wie die Sätze in der ganzen Symphonie. Die einzelnen Sätze sind auf diese Weise gleichsam der rhythmisch verjüngte Maßstab des Ganzen.

In neueren von der schlechten Theorie gefärbten Compositionen wird dieser Versuch unmöglich, als wäre die rhythmische Gliederung für sie ein überwundener Standpunct. — Wenn Leibniz die Musik ein Zählen der Seele nannte, so gewinnt der Sinn dieses Ausspruches dadurch eine neue Seite, daß man ihn auf die Thätigkeit der Phantasie hinsichtlich der rhythmischen Verhältnisse der Musik bezieht. Sollte aber Jemand die angegebene rhythmische Analyse aus Werken berühmter Tonkünstler trocken und gefühllos nennen, so würden wir ihm vollkommen einräumen können, daß der Anblick solcher Zahlen uns aller Freude am ästhetischen Werke beraube; zugleich aber wird dadurch der Sinn des Satzes deutlicher werden, daß das einzelne Glied für sich betrachtet uns gleichgiltig läßt, die rhythmische Analyse dagegen als saftig und gefühlvoll erscheinen wird, wenn wir die durch die einzelnen Zahlen angedeuteten Glieder zusammen in's Auge fassen. Gedanken und Gefühle werden freilich durch die rhythmischen Verhältnisse nicht versinnbildlicht, wohl aber ihr Verlauf mit all' seinem Steigen und Sinken, Ruhe und Wechsel, Hast und Trägheit. Es würde auch der Gedanke einem Verhältnisse weder Schönheit geben noch nehmen können, da es durch ein bestimmtes Zusammen seiner Glieder an und für sich ästhetisch werthvoll ist und von einem hinzutretenden Urtheile als ein solches anerkannt wird.

Insofern man unter Stoff das Object des Künstlers

versteht, kommt hier die Nachahmung der Natur in gerin=
gem Maße in Betracht, während die nachgeahmten Muster
durch den menschlichen Geist schon den Stempel der Schön=
heit, wenn auch bisweilen in unvollkommener Weise, erhalten
haben. Wie sehr die Griechen die rhythmische Kunst pflegten
und übten, sieht man am besten aus den Chören der Tra=
gödien, in deren kunstreichem Gewebe man mit Mühe die=
jenigen Knotenpuncte erkennt, wodurch dem Geschmacke die
festen Anhaltspuncte zur Beurtheilung der mannigfach in
einander verschlungenen Verhältnisse gegeben werden. Den
natürlichen Rhythmus findet man am Galopp des Pferdes,
am Wachtelschlag, Kukuksruf u. s. w.; auch Perioden der
Geschichte zeigen rhythmische Symmetrie.

Im Bisherigen war es der zeitliche Verlauf im Allge=
meinen, aus welchem nach der Unterscheidung bestimmter
Theile behufs einer Verbindung derselben diejenigen Verhält=
nisse abgeleitet wurden, die unser Urtheil unwillkürlich als
wohlgefällig oder mißfällig bezeichnen konnte. Der Verlauf
oder die einzelnen Theile desselben für sich bildeten den
gleichgiltigen Stoff, die Verbindungsart dieser Theile die
werthvolle Form. Die letztere war nur denkbar auf der einen,
immer gleichen Linie der Zeit, ihre Verhältnisse werden durch
ein bloßes Nacheinander der Theile möglich. Soll sich daraus
etwas mit der Fläche Analoges entwickeln, so kann dies nur
dadurch geschehen, daß mit dem einfachen Zeittheile ein con=
creter Inhalt sich verbindet, welcher die Quelle selbstständiger
Verhältnisse und somit selbstständiger Schönheiten ist. Dies
ist der Ton und die auf ihm beruhende Kunst die Musik.
Die Töne sind, theoretisch betrachtet, Klänge, welche perio=
dische Schwingungen und eine bestimmte Schwingungszahl

9*

haben. Aus der letzteren lassen sich die seinen Gegensatzgrade mathematisch genau fixiren und wegen dieser exacten Präcision, welche in physikalischer und physiologischer Beziehung durch die Untersuchungen von Helmholtz*) in ein ganz neues Licht gestellt worden sind, eignen sich die Töne nicht allein zu rein ästhetischen Verhältnissen, sondern es verdient auch die Musik ein Vorbild der Aesthetik zu sein. Wenn bei verschiedenen Instrumenten nach Helmholtz ein einzelner Ton selber als eine Compositum erscheint, deren zweiter, dritter, vierter Partialton die doppelte, dreifache, vierfache u. s. w. Schwingungszahl enthält, mit anderen Worten, welches aus dem Grundton, der Octave, Duodecime, Doppeloctave u. s. w. besteht, so dient dies nicht zum Beweise, daß ein solcher einzelner Ton als ein Verhältniß nicht mehr gleichgiltig, auch nicht mehr als Stoff im ästhetischen Sinne angesehen werden könne, sondern daß man hier von dem, was die reine Auffassung eines Tones trübt, noch nicht abstrahirt hatte. Für den einzelnen Ton als solchen ist eben nur wesentlich die bestimmte Schwingungszahl; und das Urtheil über das Zusammen mehrerer Töne ist dasselbe, ob dieselben von einem Instrumente gehört, oder von einer Partitur gelesen oder durch die Phantasie imaginirt werden. In erster Beziehung sind auch physiologische und psychologische Rücksichten mit in Betracht zu ziehen. Es ist einer der interessantesten Abschnitte in Helmholtzen's Werke**), über die physiologische Seite der Wahrnehmung beim Anhören mehrerer Töne, in welcher durch den Nachweis von gesonderten Mitschwingungen im

---

*) Die Lehre von den Tonempfindungen 2c. Braunschweig 1863.
**) p. 182 f.

Ohre die Erklärung von bekannten Thatsachen zur vollen Evidenz gebracht worden ist. Schon Herbart hat in seinem Lehrbuche der Psychologie vom Jahre 1816 die Vermuthung ausgesprochen, daß wahrscheinlich jeder musikalische Ton seinen eigenen Antheil am Organ habe. Außerdem wäre wohl nicht einzusehen, wie gleichzeitige Töne gesondert bleiben und warum sie nicht einen dritten gemischten Ton ergeben sollten, welches die ästhetische Auffassung der Intervalle vernichten würde*). Diese Annahme, deren Richtigkeit Volkmann noch bezwei= felte**), ist nun durch die Untersuchungen von Helmholtz, ihrem vollen Umfange nach bestätigt worden, wenn auch die Erklärung nur soweit geführt ist, als es physiologische Mittel erlauben. Die Schwebungen erscheinen nämlich selbst nur als Thatsachen und ihre Erklärung ist ein Problem für die Psy= chologie, welche an die Resultate der Physiologie anknüpft. Gesetzt aber auch, man könnte sich in physiologischer oder psychologischer Beziehung über das, was ist oder geschieht bei der Auffassung, die genaueste Rechenschaft geben: hat man damit irgendwie ein Ahnrecht erhalten, über das Schöne und Häßliche zu entscheiden oder liegt beides im Wirklichen in ungesonderter Vereinigung? Ueber das Wirkliche herrschen Gesetze, Normen über das Schöne; das Seiende erkennen wir durch Begriffe, in dem Seinsollenden wird unser Urtheil geweckt. Es ist erfreulich zu bemerken, wie Helmholtz von dem richtigen Gefühle dieses Unterschiedes bei seinen Unter= suchungen stets begleitet worden ist, wenn auch dieser Ge= danke nicht weiter ausgeführt ist. Er sagt***): „In dem

---

*) S. W. V. p. 54.

**) Psychologie p. 68.

***) p. 553.

unmittelbaren Urtheil des gebildeten Geschmacks wird ohne
alle kritische Ueberlegung das ästhetisch Schöne als solches
anerkannt; es wird ausgesagt, daß es gefalle oder nicht ge=
falle, ohne es mit irgend einem Gesetze oder Begriffe zu
vergleichen." Leider erscheint schon*) in der „moralischen
Erhebung", wie bei den deutschen Aesthetikern überhaupt,
das Gute als obligate Begleitung des Schönen, d. h. die
Vermischung des Ethischen mit dem specifisch Aesthetischen.
Daß ein Kunstwerk eine moralische Wirkung hervorrufen kann,
steht außer allem Zweifel, aber diese Wirkung erzeugt ein
Werk eben nicht als ein schönes im engeren Sinne.

Mit der Betrachtung des einzelnen Tones in physika=
lischer und physiologischer Beziehung ist der stoffliche, d. h.
der der theoretischen Betrachtung unterworfene Theil noch
nicht seinem ganzen Umfange nach in der Musik aufgezeigt
worden. Um das ästhetische Urtheil rein zu erhalten, ist
es nöthig, alles dasjenige auszuscheiden, was der ästhe=
tischen Werthschätzung nicht unterliegt, und zwar umsomehr,
je weniger der Anspruch des ästhetisch gleichgiltigen Stoffes
auf ästhetischen Werth gegründet ist, den er sich aneignen
möchte. Beim Anhören musikalischer Werke werden Gefühle
in uns erregt; diese sind die Wirkung, jene die Ursache. Die
Gefühle überhaupt, welche in uns sind, werden durch Vor=
stellungen verursacht, welche wir häufig durch die Sprache
ganz bestimmt bezeichnen können. Dies Verhältniß wird nun
auf die Musik übertragen, indem auch sie Gefühle erwecke und
darum der Ausdruck bestimmter Gedanken sei. Gegen diesen
Wunsch wäre nun an sich nichts einzuwenden. Es ist immer=

---

*) p. 555.

hin möglich, daß sich Jemand im Reiche der Gedanken hei=
mischer fühle, als im Reiche der Töne. Aber so war es
nicht gemeint; vielmehr soll der Nachweis von Gedanken als
Nachweis von Schönheit gelten, ohne zu berücksichtigen,
daß die Gedanken für sich ebenso ästhetisch werthlos sind,
wie alle anderen einzelnen Glieder, und daß nur aus ihrer
Verbindungsart, d. h. der Form alle Schönheit entspringt.
Auch hat man dabei ganz außer Acht gelassen, daß es Poesie
und nicht Musik ist, welcher man sich in der Musik erfreuen
will. Aber diese Gedanken, welche als werthgebender Factor
in der Musik erscheinen, sind nichts anderes als ein Rest
idealistischer Aesthetik, welche von Fichte Geist, von Hegel
Idee, von den Vermittlungsmännern Gehalt benannt wur=
den. Nur die Art und Weise wie diese Gedanken zu Tage ge=
fördert wurden, war in der Musik eine andere geworden.
Sie mußten erst das Meer der Gefühle durchwandern, bis
sie urplötzlich als Bilder der Schönheiten emportauchten.
Kein Wunder, wenn man sie lieb gewann! Es erging ihnen
nämlich, wie den schweren Geburten, die man um so sorg=
samer hegt und pflegt, je verkrüppelter sie sind; aber so
schwach die Lebensfähigkeit dieser, so gering ist der ästhetische
Werth jener. Musiker und Musikkenner fühlten sich mit der
Anschauung befreundet, daß durch die Bestimmung des Musika=
lischen als Ausdruck von Gemüthsbewegungen, hinter welchen
bestimmte Gedanken verborgen seien, der ästhetische Werth
dieser Kunst erwiesen sei und einer der letzteren, W. A.
Ambros, fühlte sich berufen, von dieser Anschauung aus
durch seine wortreiche Schrift: „die Grenzen der Musik und
Poesie" gegen die geistreiche von Ed. Hanslick „vom Mu=
sikalisch=Schönen" zu polemisiren. Auf dem Gebiete der Kunst

aber brachten die Musiker jene Schöpfungen zu Tage, die unter dem Namen „Programm=Musik" bekannt sind, von den Werken Beethoven's an aus seiner sogenannten dritten Periode (etwa von op. 80 an) bis zum Rheingold und Tristan.

Verfolgen wir nun unsern Weg weiter, ohne uns von der Vermischung einer Kunst mit der anderen hinreißen zu lassen, so müssen wir vorerst unser Augenmerk auf jene Ge= fühle richten, welche in uns durch das Anhören musikalischer Werke erregt werden. In der That, wohl Jeder wird der heiteren Gemüthlichkeit inne geworden sein, die uns Compo= sitionen von Haydn, namentlich viele seiner zahlreichen Symphonien entgegen zu bringen scheinen, oder er wird un= aufhaltsam fortgerissen werden von den „himmelhoch und meerestief" gehenden Wogen in den Werken des gewaltigen Beethoven; und kann es wohl einen schöneren Commentar geben für Gedichte, die als wahre Naturlaute unser Inner= stes rühren und ergreifen, als derjenige ist, den uns S ch u = bert, Mendelssohn und Schumann in ihren Liedern mit musikalischen Mitteln liefern? Es ist, um nur ein Beispiel zu erwähnen, als ob die Paradiesessehnsucht im Göthe= schen Mignon durch die Schumann'sche Composition unsere Brust beklemmen und unseren Augen Thränen entlocken wollte. Aber etwas anderes ist die Begeisterung und Freude über geniale Kunstwerke und etwas anderes das ruhige Nach= denken über die ästhetischen Principien des objectiven Schö= nen. Auch wäre die Stunde der Begeisterung schlecht ge= wählt, wenn man über die letzteren entscheiden wollte.

Es muß hervorgehoben werden, daß die Wärme des Gefühls bei den Werken der Musik in ungleich höherem Maße in uns erweckt wird, als bei den Werken der bildenden

Künste. Es ist deßhalb hier der passendere Ort, diesen Punct auch in Beziehung auf die letzteren in Betracht zu ziehen und auf den Grund des Unterschiedes in den bewirkten Gefühlen aufmerksam zu machen, weil man aus denselben besonders in der Musik ästhetisches Capital hat machen wollen. Volkmann sagt mit besonderer Beziehung auf die Gehörempfindung*): „Das Gehörorgan trägt der Mensch offen und im Vergleich zu dem Auge unbeweglich der Außenwelt entgegen; und dadurch erhält das Hören einen gewissen Zug von Passivität.“ Gesetzt, es sei für die Auffassung jener Kunstwerke ein so hinreichendes Maß von Bildung vorhanden, daß sich das Urtheil des Geschmacks auf eine vollständige Apperception stützen könne, so ist der Verlauf der Vorstellungen bei der Wahrnehmung des musikalischen Kunstwerkes ein anderer als bei dem der Malerei oder Plastik. Das erstere ist ein strenges Ganze, nach musikalischen Normen geschaffen, sein bestimmter Zusammenhang geht im zeitlichen Verlauf an uns vorüber, und wenn wir demselben aufmerksam folgen, so entfernen wir in uns alle Willkür des Vorstellungsverlaufs und nöthigen ihn, nur in einer bestimmten Weise sich zu regeln. Die ästhetischen Normen erscheinen hier gleichsam als Gebieter über die Gesetze des Geschehens. Das Gemälde hingegen hat gar keinen zeitlichen Verlauf: wie es vor mir steht, so ist es ganz. Um des ganzen Schönen inne zu werden, welche dasselbe besitzt, genügt hiezu eine aufmerksame Betrachtung, in welcher man aber nicht an eine bestimmte Richtung des Vorstellungsverlaufes gebunden ist. Das Bekannteste und Hervorragendste wird zuerst

---

*) Psychologie p. 67.

mit Lebhaftigkeit aufgefaßt und an dieses kann sich nach und nach das vollständige Bild in uns anknüpfen und gestalten. Es ist ein Spiel der Willkür, welchem die Auffassung des einzelnen Theilschönen unterworfen ist und es ist, als ob hier umgekehrt die Gesetze des inneren Geschehens über die ästhetischen Normen gebieten möchten. Daher fehlt bei der Betrachtung der Werke der bildenden Künste die Wärme des Gefühls, die sich beim Anhören von Musik einstellt. Wir bleiben kälter bei den Empfindungen des Auges und sind ergriffen bei denen des Ohres, weil wir eben bei jenen activ, bei diesen passiv uns verhalten.

Daß die musikalischen Kunstwerke eine Menge Gefühle hervorrufen, ist eine ganz naturgemäße Folge; wenn man aber nun, statt das objective Schöne ruhig zu betrachten und den Grund seines Werthes in ihm selbst zu suchen, sagt, diese subjectiven Zustände constituiren selbst das Schöne im Kunstwerk, und wenn man zu den unbestimmten Gefühlen noch das unbestimmte Wort Idee nach seinen verschiedenen Rangstufen hinzufügt, so macht man es im Grunde nicht anders als wie die Kinder und Frauen, welche das in Romanen Gelesene für wirklich halten. Hat man aber einmal diesen Weg eingeschlagen, so gilt es nun, sich tapfer zu zeigen. Um Gefühle fixiren zu können, muß man sich an einzelne Vorstellungen anlehnen; in ähnlicher Weise sollen zu den dargestellten Gefühlscomplexen in der Musik bestimmte Gedanken aufgesucht werden können, deren Darlegung aber nicht ein literarisches, sondern ästhetisches Interesse gewähren soll; mit anderen Worten, es werden die Veranlassungen des Künstlers zu einem schönen Werke nicht als Schwungbretter angesehen für den Flug seiner Phantasie, sondern als ästhe=

tisches Holz vergöttert. So weiß uns Ambros in der an=
geführten Schrift, welche als eine Studie zur Aesthetik der
Tonkunst bezeichnet wird, hinsichtlich Beethoven's Pa=
storal=Symphonie sehr viel zu erzählen von Heiligenstadt und
Kahlenberg und Donaustrom und wie die anderen Herrlich=
keiten alle heißen; Mendelssohn's dritte Symphonie
(A-moll) könne „Germania" und seine vierte (A-dur) „Italia"
überschrieben werden; indem er aber auch Hector Ber=
lioz's Symphonie Fantastique in dieselbe Classe rechnet,
gewinnt es den Anschein, als hätte er von dieser Programm=
Symphonie aus einen Rückschluß auf jene gemacht, wie er
mit Beethoven's Werken selber verfährt und die Tonmale=
reien in den späteren auf seine früheren übertragen möchte. Es
wird bedauert, daß Schumann keine näheren Andeutungen
gegeben habe für das Verständniß seiner Sonate op. 11, ob=
wohl die Widmung und der Doppelname Florestan und Eusebius
ihm Anhaltspuncte hätte geben können. Aber naiv ist es, wenn
man auf p. 56 liest, „die Ueberschriften seien bis zu einem
gewissen (soll heißen: ungewissen) Grade gerechtfertigt". Seine
Theorie stimmt also mit jener Logik überein, nach welcher
ein kleiner Widerspruch kein Widerspruch ist. Das musikalische
Kunstwerk wird aber durch dergleichen Deutelei eine Art von
Rebus. Zudem hat das Gedeutete als gleichgiltiger Stoff
noch gar keinen ästhetischen Werth, und wenn derselbe als
poetischer Werth den musikalischen ersetzen sollte, so würde
die Musik dadurch ein entbehrlicher Zierrath. Es liegt übri=
gens nahe, daß die Freunde solcher Deutung zum Behufe
derselben musikalische Motive, welche derselbe Componist bei
einem Liede wiederholt, z. B. Schumann in dem Liede
op. 35, Nr. 11 und 12, dessen Thema schon in den Kreis=

leriana op. 16, Nr. 7 im Schlußtheile zu finden ist; ebenso
op. 49, Nr. 1 und op. 26, Nr. 1, als Ausbeute benützen
oder die verschiedene musikalische Auffassung desselben Liedes von
verschiedenen Componisten berücksichtigen können, z. B. Klär=
chens Lied aus Egmont in der Composition von Beetho=
ven und Schubert (s. dessen 30. Heft seines Nachlasses)
oder Th. More's Gondellied „Wenn durch die Piazzeta" von
Schumann (s. op. 25, Heft 3) und Mendelssohn
(op. 57) u. s. w.*)

---

*) In dem Lebensbilde Karl Maria v. Weber's, herausgegeben
von seinem Sohne Max Maria v. Weber (Leipzig 1864), erzählt
der letztere einen interessanten Fall, der uns klar erkennen läßt,
was es mit den musikalischen „Gedanken", die man herausge=
beutet, für eine Bewandtniß habe. Es wurde nämlich in dem
Nachlasse Weber's die Musik einer bisher unbekannten Gelegen=
heits=Arie gefunden, in welche kein Text eingeschrieben war, die
aber von den musikalischen Sachkennern sehr schön und beson=
ders so unbestreitbar nur eine bestimmte Gefühlsrichtung aus=
drückend gefunden wurde, daß es ein leichtes schien, einen voll=
kommen passenden Text dazu zu schreiben. Ein Kenner von We=
ber's musikalischem Denken und Arbeiten dichtete diesen Text,
der allgemein trefflich, namentlich der Musik genau im Denken
und Empfinden nachgehend, gefunden wurde; er behandelte im
großen Styl die Treueversicherung einer Dame an den Geliebten.
Einige Wochen später fand sich ein zweites Exemplar der Arie,
mit dem richtigen, von Weber componirten Text, und siehe da,
die Arie wurde von einem Blumenmädchen an ihre Blumen ge=
sungen. — Was hingegen die Musik darzustellen vermöge, dar=
über gibt uns Weber in einem Briefe an Rochlitz eine interes=
sante und sehr beachtenswerthe Andeutung. Er schreibt gelegen=
heitlich seiner Composition zu dem „Gebet während der Schlacht":
„Nur wünsche ich, daß Sie in der Clavierbegleitung nicht etwa

Aus dem Bisherigen erhellt, daß die aus den Gefühlen
herausgelesenen Gedanken eine richtige Auffassung des objectiven Schönen ganz unnützer Weise erschweren, ferner
daß diese falsche Doctrin, wo sie in der praktischen Kunst
zur Anwendung kam, nicht die besten Resultate liefern konnte,
sondern aus einer freien Kunst eine sklavische Dienerin
machte. Die Gefühle spielen gleichwohl beim Anhören musikalischer Kunstwerke und somit leicht bei der Auffassung des

---

ein Schlachtgemälde sehen sollten; nein, das Malen liebe ich
nicht, aber die wogende Empfindung in der Seele des
Betenden während der Schlacht, indem er in einzeln betenden,
andächtigen, langen Accenten zu Gott mit gepreßter Seele ruft —
die wollte ich schildern“. Hieburch unterscheidet sich seine Can-
tate in vortheilhafter Weise von Beethoven’s Schlacht von
Vittoria. Ebenso richtig urtheilt Mendelssohn, wenn er sagt,
er würde keine Note mehr schreiben, wenn man Musik mit Worten schildern könnte (s. dessen Briefe aus den Jahren 1833—1847,
herausgegeben von Paul Mendelssohn). Der Musiker hat eben
in seinem Elemente seine eigene Welt. Zu welchen Blüthen aber
die consequente Verfolgung dieser Gedankenmusik gelangt, zeigt
uns am anschaulichsten Richard Wagner in seinen späteren
Compositionen. Dieser Mann ist Künstler und Theoretiker zugleich, und je mehr die theoretische Seite den Sieg über die
praktische Kunst davon trägt, desto mehr leidet diese unter jener,
bis sie, aller Selbstständigkeit baar, zu deren Dienerin wird.
Seine nach der Dresdener Flucht im Jahre 1849 componirten
Werke sind eine musikalisch-tättowirte Poesie, häufig Poetasterei.
Weder eine thematische Durchführung noch rhythmische Gliederung finden Berücksichtigung, nur in die tiefsten Tiefen der Gedanken sollen wir schauen, um die hohen Intentionen hochtra-
bender versificirter Phrasen zu erkennen. Eine solche Musik ist,
mag sie nun die Gegenwart oder Zukunft verstehen, als Musik
eine Ironie, — aufrichtig gesagt, ein Schwindel jetziger Zeit.

Musikalisch = Schönen eine hervorragende Rolle. Dies folgt
schon aus der früher bemerkten passiven Haltung, in welche
der Vorstellungsverlauf unserer Seele versetzt wird durch den
zeitlichen Verlauf der Töne. Damit ist aber der Grund erst
zur Hälfte angedeutet; der andere liegt eben in den Tönen
selbst. Die Töne können nicht, wie die Farben, durch Worte
näher bezeichnet, sondern nur nach Höhe und Tiefe unter=
schieden werden. Für sie gibt es also blos eine technische Be=
zeichnung. Soll nun die mannigfache Verbindungsart der
Töne zu einer reichen Quelle von Gefühlen werden, so ist
vor allem dies festzuhalten, daß der Ton, welcher in sub=
jectiver Beziehung die Tonvorstellung ist, in objectiver nichts
anderes als das Symbol der Vorstellung ist. Vorstellungen
sind in Bewegung, erzeugen eine Spannung mehrerer in=
nerer Zustände und wir werden uns deren Rückwirkung auf
die Seele als Gefühl bewußt. Durch die Tonvorstellungen
hat die Art und Weise, wie Gefühle entstehen, nur eine
specielle Seite gewonnen, bei welcher die Vorstellungen zu=
gleich durch Symbole objectivirt erscheinen. Wie nun durch
zwei in Verschmelzung und Hemmung begriffene und einan=
der drängende Vorstellungen, durch ihren Contrast, ihre Re=
production oder durch den Kampf ganzer Vorstellungsmassen
die mannigfachsten Gefühle sich entwickeln, so auch durch die
verschiedenen Verschlingungen einzelner Töne oder ganzer
Tonmassen. Gedanken von bestimmtem Inhalt, aus denen die
Poesie ihre Gebilde formt, sind gar nicht vorhanden; statt
ihrer treten die Töne als Elemente auf, durch welche jene
Bestimmtheit um eine Stufe zurücktritt.

Die Töne können wohl durch die Nachahmung der Be=
wegung der Vorstellungen Gefühle wecken, aber sie bieten

nicht einen bestimmten Gedankeninhalt dar; sie sind nur Sym=
bole von Gedanken, welche die bestimmte Richtung haben,
auf das Gefühl zu wirken. Sie besitzen nicht die Klarheit
des Gedankenbildes, sondern nur das Dunkle seiner Bewe=
gung, wie das ruhige Meer die Ufer abspiegelt in seinem
bläulichen Schimmer, das bewegte aber nur seine eigenen
Wellen dem Auge des Betrachters darbietet. So verlockend
es aber auch sein mag, von den erregten Gefühlen aus an
die Stelle des ruhigen Nachdenkens die Begeisterung des
Künstlers zu setzen, für die Aesthetik hat dies gar keinen
Nutzen.

Wenn wir nun die ruhige Ueberlegung für die ästhe=
tische Untersuchung allein walten lassen, so kann es, um
das Werthvolle vom Gleichgiltigen im Musikalisch=Schönen
oder die Form von dem Stoff zu unterscheiden, demselben
nicht wesentlich sein, erst musikalische Kunstwerke anzuhören,
um aus den hiedurch erregten Gefühlen den Werth des Mu=
sikalischen abzuleiten. Die Lectüre einer Partitur oder die
durch die Phantasie imaginirten Tongebilde müssen denselben
Dienst erweisen können, oder mit anderen Worten: es ge=
nügen Bilder von Tönen, über welche das Urtheil entschei=
det, ob sie wohlgefällig oder mißfällig sind. Das Subject
des Urtheils ist eine (einfache oder complicirtere) Verbindung
von Tönen, als dem Stoffe des musikalischen Urtheiles, die
Verbindungsart selbst ist die Form. Auf diese Weise läßt
sich allein in objectiver Betrachtung über das Musikalisch=
Schöne etwas Endgiltiges entscheiden. Die Verhältnisse, welche
durch die Verbindung von Tönen entstehen, sei es in melo=
discher oder harmonischer Art, sind von so mannigfacher Art,
daß dem Urtheil eine unendliche Fülle geboten wird. Dazu

kommt noch, daß die Töne, weil an den zeitlichen Verlauf,
deshalb auch an den rhythmischen Gang gebunden sind, und
das Urtheil hat nicht blos schöne Tonverbindungen, sondern
auch rhythmisch geordnete Tonverbindungen als schöne an-
zuerkennen oder zu verwerfen. Soll nun das Urtheil in rech-
ter Art und reichlicher Fülle sich geltend machen können, so
bedarf es dazu nicht nur der glücklichen Anlage, sondern auch
eines langjährigeren Studiums, welches für die richtige Beurtheilung nöthig ist, als man es nach der Anschauung der
Gefühlsästhetiker Wort haben will. Interessant ist in dieser
Beziehung die Vorrede Rob. Schumann's zu seinen Études op. 3 *). Leichter dagegen und weniger mühevoll für
eine schnelle und richtige Beurtheilung des Musikalisch-Schö-
nen, als ein langes Studium, ist die Weise der Gefühlsästhetiker, welche in Concertsälen sitzend, so ganz „himmel-
aufjauchzend, zum Tode betrübt", nun daran gehen wollen,
aus ihren hölzernen Gefühlsbarren metallische Münzen zu
prägen, aber auch oberflächlich.

Aber ist denn auch dieses einfache Verhältniß, könnte
man einwerfen, welches bald in der Melodie, bald in der
Harmonie erscheint, das Einzige, welches sich der Beurtheilung darbietet, und steht nicht in einem größeren Werke jedes
einzelne Verhältniß in einem nothwendigen Zusammenhange
mit dem anderen, weil eine bestimmte Idee in dem Ganzen

---

*) Und doch ist auch diesem Meister es begegnet, einen ganz offenen
Quintenfortschritt niedergeschrieben zu haben im 3. Tacte der
H-dur-Romanze op. 28, welcher sich achtmal wiederholt. Der
Uebelstand wird übrigens durch Weglassung des Ais in der ver-
minderten Quinte gehoben.

herrscht, womit eben jener ideale Gehalt wieder zum Vorschein kommt? Zunächst ist, wenn man von einer bestimmten
Idee spricht, gar oft nicht im strengen Sinne ein Gedanke gemeint, sondern ein Verhältniß wenigstens zweier Gedanken.
Einen anschaulichen Beleg dafür liefert ein plastisches Werk.
Wenn man Canova's Theseus, wie er den wilden Kentauren
siegreich bekämpft, aufmerksam betrachtet, und als die Idee,
welche hier dargestellt wird, den Sieg des Theseus oder
dessen, was er repräsentirt, bezeichnen wollte, so wäre dies
zur Erläuterung des ästhetischen Wohlgefallens nicht klar genug.
Nicht Theseus an sich erregt unser Wohlgefallen, sondern
Theseus im Kampfe mit dem Kentauren, oder allgemeiner
ausgedrückt, die menschliche Gesittung mit der thierischen
Roheit; daher denn auch Theseus mit Mantel und Helm
und bartlos erscheint, der Kentaure hingegen in thierischer
Nacktheit und mit wildverwachsenem Barte. Die Idee dieses
Kunstwerkes stellt sich uns also als ein Verhältniß zweier
Gedanken dar, welche in ihrer Vereinzelung uns gleichgiltig
lassen, durch die Art ihrer Verbindung hingegen unser Wohlgefallen erwecken. Durch dieses Gedankenverhältniß erhält
das Kunstwerk zwar nicht seinen plastischen Werth, aber
einen größeren Reichthum an ästhetischem Werth überhaupt.
Ein ähnliches Verhältniß stellt sich im musikalischen Kunstwerk heraus. In Beethoven's C-moll- und Mozart's
G-moll-Symphonie erscheinen zwei gewaltig bewegte Mächte
von entgegengesetzter Art. Aber auf keine Weise läßt sich mit
bestimmten Worten die Macht bezeichnen, welche sich bewegt
und für alles, was früher von Theseus und dem Kentauren,
von der Menschlichkeit und Thierheit sammt ihren Attributen
gesagt wurde, gibt es hier keine Parallele. Mag immerhin

die Phantasie solche Gedanken erdichten, sie bleiben, was
sie bei ihrer Entstehung waren: ein Gebilde der Willkür,
und es bleibt jedem unbenommen, andere dafür zu substi-
tuiren. Nennt man aber diese bewegten Mächte selbst Gedanken, welche ein wohlgefälliges Verhältniß bilden, welches
zu den eigentlichen musikalischen gleichsam als ein neues,
wenn auch dunkles hinzutritt, so ist hiegegen nichts einzuwenden; nur gilt hier dasselbe, was vom plastischen Werke
bemerkt wurde: es gibt dem Werke einen größeren Reichthum am ästhetischen Werth überhaupt und jene für unsere
Auffassung wichtige Einheit, aber verleiht ihm nicht einen
specifisch musikalischen Werth. Auch folgt daraus, daß alle
Titel, Ueberschriften und Bezeichnungen in musikalischen
Werken, welche sich auf die Bewegung beziehen, einen Sinn,
die sich dagegen auf ganz bestimmte Vorstellungen berufen,
einen Unsinn enthalten.

Es erübrigt noch, den Stoff, insofern er Object des
Künstlers ist, in Betracht zu ziehen. Hierbei ist zunächst zu
bemerken, daß eine Nachahmung der Natur, wie sie bei den
bildenden Künsten in großartiger Weise auftrat, bei der
Rhythmik nur noch Spuren aufzuweisen hatte, in der Musik
und Poesie gänzlich zurücktritt, denn diese beiden Künste sind
lediglich ein Product des menschlichen Geistes. Zur Angabe
desjenigen Stoffes, der in sich Gleichgiltiges neben Werth-
vollem vereinigt, scheint die Lösung einer solchen Aufgabe
gerade in der Musik Schwierigkeiten darzubieten. Bei den
bildenden Künsten war das Porträt und die Büste der einfachste Fall, bei welchem schöne Verhältnisse zwar vorhanden
waren, aber in unvollkommenem Maße, so daß dem Künstler
noch eine hinreichende Gelegenheit übrig blieb, durch Ideali-

firung seines Stoffes das Maß der Vollkommenheit zu er=
reichen. Ein Stoff in diesem abgeleiteten Sinne in der Musik,
der für den Künstler Gleichgiltiges und Werthvolles zugleich
enthält, aber das letztere in unvollkommenem oder unent=
wickeltem Maße, obwohl der durch den menschlichen Geist
eingeprägte Stempel der Schönheit sichtbarlich hervortritt,
kann nun nichts anderes sein als das T h e m a. In ihm sind
die erwähnten Bedingungen vorhanden und es ist der Keim
der Entwickelung eines durch die Künstlerhand zu schaffenden
Werkes. Es enthält die musikalischen Schönheiten, von denen
das ganze Werk getragen ist, in primitivster Form, ebenso
die rhythmische Gliederung und die für die Auffassung wich=
tige Einheit. An dieser Stelle muß der oben erwähnten
Schrift Ed. H a n s l i c k's „Vom Musikalisch=Schönen"*) ge=
dacht werden, welcher auf p. 115 das Thema des Tonstückes
den wesentlichen Inhalt desselben nennt. Damit ist der Grund
des Wohlgefallens am Musikalisch = Schönen noch nicht voll=
ständig angegeben; denn es läßt sich am Thema die Frage
nach diesem Grunde wiederholen. Für Hanslick liegt er in
dem Ausspruche: „Tönend bewegte Formen sind einzig und
allein Inhalt und Gegenstand der Musik"**), ein Satz, der
mit unserer Anschauung vollkommen übereinstimmt. Denn
das objective Schöne in der Musik besteht allein in Formen.
Hanslick gelangt zu dieser richtigen Anschauung nicht auf
dem Wege synthetischer Deduction, sondern aus der Be=
trachtung dessen, was die Musik nicht darstellt, nämlich Ge=
danken und Gefühle, wird er auf heuristischem Wege mit

---

*) 2. Aufl. Leipzig 1858.
**) p. 38.

glücklichem Apperçu zu jenen Formen geführt. Daß die ein=
zelnen Töne das Material, die künstlerische Verbindung das
Musikalisch=Schöne darstelle, ist vollkommen richtig bemerkt,
während gleichwohl durch die Bezeichnung des „Wohllautes"
als des Urelementes der Musik*) der Schein entsteht, als
sei die zusammengesetzte Verbindung selbst wieder einfach**)
und ergebe in ihrer Zusammensetzung die durch das Ton=
material ausgedrückte „musikalische Idee", welche doch schon
als die aus jenen Elementen hervorgegangene eigenthümliche
Gestaltung, d. h. eben als Thema zu betrachten ist.

In der technischen Bezeichnung, nach welcher die ein=
zelnen Töne mathematisch genau durch ganz bestimmte Zah=
lenverhältnisse unterschieden werden konnten, liegt dies, daß die
Töne in ihr alle Eines, und daß dieses Eine alle in glei=
cher Weise umfaßt: nicht zwar für das praktische Urtheil,
denn dieses denkt nicht an Zahlen, wenn es sein Wohlge=
fallen ausspricht; sondern lediglich für die theoretische Be=
trachtung, welche den Blick auch dann noch auf die Töne
als einzelne gerichtet hält, wenn ein ganzer Complex der=
selben ihr vorliegt. Indem aber für alle derselbe Begriff
maßgebend ist, und die verschiedenen Unterschiedsgrade durch
die eine Zahl fixirt werden können, sind sie gewissermaßen im
Reiche des Zufalls und wie das Aneinander die einzelnen
Puncte zur Fläche verbindet, so verknüpft sie die Zahl zur
selbstständigen Gemeinsamkeit. Dadurch erhält die Zeit den
Anschein der Fläche. Sowie aber das Reich des Zufalls

---

*) p. 37.

**) p. 41 werden als musikalische Elemente Rhythmus, Melodie und
Harmonie angeführt, welche doch schon Gesammtbezeichnungen
für Verhältnisse sind, also nicht mehr einfache Elemente.

auf der Fläche für die einzelnen Puncte aufhören würde zu
sein und der Gedanke der Nothwendigkeit sich an jeden ein=
zelnen der Puncte ketten würde, sobald eine verschiedene
Tiefe den einen vom andern in bestimmtester Weise trennen
würde, so muß dasselbe von den durch die Zahl fixirten Punc=
ten gelten, und eine gewisse Modification, welche der Tiefe als
der dritten Raumdimension entsprechen würde, muß das
Reich des Zufalls in ein Reich der Nothwendigkeit umge=
stalten. Dies geschieht durch einen specifischen Inhalt einer
jeden einzelnen Vorstellung; denn alsdann hört die Verbin=
dung derselben auf, eine blos zufällige zu sein, und was
durch den Inhalt der Vorstellung bedingt ist, ist für die
Vorstellung selbst nothwendig*). Es ist der Gedanke, in
welchem sich uns ein neues Element repräsentirt, und dasje=
nige Feld, auf welchem durch Gedankenverhältnisse neue
Schönheiten für unser Urtheil erwachsen, ist das der Poesie.

Es ist nun nicht mehr die Linie, Fläche, der Umriß
ein Symbol für Gedanken, sondern er selbst steht in nackter
Gestalt vor uns, durch seinen bestimmten Inhalt klar er=
kennbar, ein Bild des Geistes für das Urtheil des Geistes;—
aber als könnte die Poesie die alte Liebe zu den übrigen
Schwestern nicht gänzlich unterdrücken, kleiden die Dichter
ihre Gedanken in Bilder. Fragen wir nun näher: welche
und welcher Art sind denn die Gedanken, die zu Verhält=
nissen zusammentreten können, so daß ein hinzutretendes Ur=
theil unwillkürlich seinen Beifall oder sein Mißfallen zu erkennen
geben muß, so können wir keine andere Antwort geben als
diese: so reich das Leben des Geistes ist, so groß ist der
Reichthum der Gedanken, welche poetische Verhältnisse bilden

---

*) Volkmann Psych. 246.

können, und es ist kein eitles Wort, wenn man die Poesie die Mutter der Künste genannt hat. Die Poesie bekundet das Alter der Kunst bei den Völkern, in deren Gedächtniß allein ihre ersten Denkmäler eingegraben werden, und zeichnet den Charakter ihrer Sitte und die Anschauungen ihres Geistes. In ihr kann sich das kalte und das gefühlvolle Gemüth, der erhabene und gemeine Charakter am leichtesten und klarsten offenbaren; aus ihr holt sich auch der Aesthetiker am häufigsten seine Belege. Zwei Classen in der Masse der Gedanken lassen sich jedoch am leichtesten heraussondern, wodurch für die theoretische Betrachtung der Elemente der Poesie eine bessere Uebersicht gewonnen wird. Der einzelne Gedanke, dessen der Dichter für sein schönes Gebilde bedarf, kann nämlich an sich gleichgiltig oder nicht gleichgiltig sein. Das Letztere ist der Fall, wenn er als Bild des Willens, und zwar insofern er Glied eines Verhältnisses ist, einen ethischen Werth besitzt. Somit haben wir Gedanken, welche sich auf Willens= verhältnisse, und solche, die sich auf das ganze übrige Gei= stesleben beziehen.

Fassen wir den letzteren Punct zuerst in's Auge, so begegnet uns hier die Frage, ob die Poesie oder das Schöne im Allgemeinen (obwohl man bei Nennung des letzteren häufig nur das erstere im Auge hat) als Culturmacht an= zusehen sei. Die Antwort wird nur dahin lauten können: ohne Zweifel, aber nicht deshalb, weil sie eine schöne Kunst ist, sondern weil sie aus Gedanken ihre Gebilde formt, also des Stoffes, nicht der Form wegen. Als schöne Kunst wirkt sie auf den ästhetischen Geschmack, als Kunst der Gedanken auf den Wachsthum des Geistes. Uebrigens wird das weitwendige Wort „Cultur" häufig in so unbestimmter Weise gebraucht, wie der Begriff eines „gebildeten" Menschen, und es sieht wie eine Verlegenheit aus, wenn die Gehalts=Aesthe= tiker die Cultur als Schlagwort benützen (als hätten sich die Franzosen mit ihrer Civilisation noch gar nicht lächerlich gemacht!). Der Dichter vermag allerdings vermöge seines eigenthümlichen Stoffes von dem Höhengrade des staatlichen und sittlichen Lebens ein lauteres und deutlicheres Zeugniß abzulegen, als dies durch die übrigen Künste möglich ist, bei denen die Deutlichkeit des Gedankens bald mehr, bald we= niger zurücktritt. Auch für die Wissenschaft lassen sich An= knüpfungspuncte erkennen, indem das, was der Dichter sich zum Stoffe wählt, zugleich als allgemeines Problem viele Geister derselben Zeit bewegt und der Dichter durch seine rege Phantasie Verbindungen knüpft, die auch für den For= scher der Wissenschaft nutzbringend sind. Alle diese ein= zelnen Bausteine für den Weiterbau allgemeiner Bildung wirken fruchtbar auf unsere Gedanken; das Schöne aber fragt nicht, was das für Gedanken sind, welche bildungs= fähig sind, sondern wie sie verbunden sind, um unser Urtheil lebendig und unsere ästhetische Freude rege zu machen. Oder sollte Jemand im Ernst die Göthe'schen Worte im Faust:

„In Deutschland lügt man, wenn man höflich ist",

nur deshalb für schön halten, weil er dadurch den Gedanken zur Notiz nehmen kann, daß die Deutschen die Höflichkeit für keine Tugend ansehen, oder nicht vielmehr deshalb, weil er die deutsche Grobheit in einem so hübschen Gewande er= wähnt sieht? Man darf eben das stoffliche Interesse am Ge= danken nicht mit dem Wohlgefallen an der Form der Ge= danken verwechseln. Wenn das erstere auf Kosten des letzte= ren sich geltend macht, so leidet bei der verschiedenen Art

der Gedanken in verschiedener Weise auf Seiten des Künst=
lers sein Werk an ästhetischem Werth und auf Seiten des
Betrachters an der Reinheit der ästhetischen Wirkung. Um dies
klarer zu machen, lehnen wir uns an bestimmte Classen an.
Gesetzt, man hätte wissenschaftliche vor Augen, so sind die=
selben, einzeln betrachtet, für den Denker und Dichter ästhe=
tisch gleichgiltig, aber die Ziele, welche der geschäftige Geist
beider in den Verbindungen solcher Gedanken verfolgen, sind
verschieden. Der Dichter wird mit Hilfe seiner Phantasie
jener Verbindung von Gedanken eine solche Form und Gestalt
zu geben suchen, wodurch sein einziger Zweck, die Schönheit,
erreicht wird. Ob der Gedanke an sich richtig oder wahr ist,
hängt lediglich von dem ihm innewohnenden gesunden Gefühl
ab, welches außerdem von der allgemeinen in seiner Zeit
herrschenden Bildung getragen ist. Wenn er jedoch ganz in
theoretischer Art wie der Denker auf Kosten seines Haupt=
zweckes die Zwecke des letzteren sich ungebührlich ausbreiten
läßt, so wird sein Werk vom ästhetischen Werthe verlieren.
Sophokles und Euripides sind in dieser Beziehung an=
schauliche Beispiele. Otfried Müller sagt in seiner Ge=
schichte der griechischen Literatur*): „Euripides war von
Natur ein ernster Geist mit einer entschiedenen Neigung, über
die Natur menschlicher und göttlicher Dinge zu grübeln;
gegen den heiteren Sophokles, dessen Geist ohne Anstren=
gung das Leben in seiner Bedeutung auffaßt, erschien er
als ein mürrischer Sonderling." Es ist eben das Interesse
an theoretischen Problemen und das Wohlgefallen an ästhe=
tischen Formen, welche je in dem einen der beiden Dichter

---

*) Zweite Ausg. Breslau 1857. 2. Bd. p. 143.

das Uebergewicht haben und ihren Gegensatz recht deutlich
zu Tage treten lassen. Euripides gibt zwar auch ein Bild
von dem, was seine Zeit bewegte, aber er sammelt die Wis-
sensstrahlen nicht zum Vortheile seiner Kunst und hinge er
weniger am Stoffe, seine Stücke würden einen größeren
ästhetischen Werth besitzen. Anders ist es in Göthe's Faust,
in welchem die Wissenschaften eine ganz ergötzliche Rolle
spielen, und Shakespeare's Hamlet geht an der Grübelei
gar zu Grunde. Andere Classen von Gedanken sind diese-
nigen, welche gewissen Anschauungen vom staatlichen oder
nationalen Leben entnommen sind und in einem solchen
Maße als das Hauptziel der Darstellung verfolgt werden,
daß der ästhetische Werth darunter leidet. Es sind politische
und patriotische Gedanken, welche zur Darstellung gelangen
sollen; mit anderen Worten, es ist das stoffliche Interesse,
welches das Uebergewicht erhält. Hierher gehört z. B.
Heine's Gedicht „Deutschland; ein Wintermärchen"*);
ebenso ist mehr nationales Interesse als ästhetische Beurtheilung wirksam, wenn wir Deutsche die Arndt'schen und
Körner'schen Lieder rühmen**).

Im Bisherigen konnte der einzelne Gedanke leicht als
ein gleichgiltiger erkannt werden und es blieb immer für die
Folgerung offener Raum, daß nur eine bestimmte Verbindung
von Gedanken, welche eben die Form ausmacht, die Schönheit erzeuge. Wenn aber der Gedanke ein Willensbild ist,

---

*) S. dessen sämmtliche Werke, 17. Bd. p. 129 f.

**) Mendelssohn sagte sein ästhetisches Gefühl, daß das bekannte
Anti=Franzosen=Lied „Sie sollen ihn nicht haben u. s. w." weder
poetisch werthvoll noch musikalisch brauchbar sei; s. dessen oben
erwähnten Briefwechsel.

welcher als Glied eines Verhältnisses als werthvoll oder
nicht werthvoll befunden wird, so haben wir hiemit einen
Gedanken, der als ein ethisch werthvoller nicht mehr als
gleichgiltig angesehen werden kann. Hierbei ist aber gleich von
vornherein so viel klar, daß das Willensbild auch eines von
denjenigen einzelnen Elementen ist, welche die Poesie zur
Darstellung bringen kann, woraus aber nicht im Mindesten
folgt, daß der specifisch ästhetische oder hier poetische Werth
durch den ethischen Werth bedingt sei. Die Poesie fragt nicht,
ob die Glieder Willensbilder, sondern ob es Gedanken über=
haupt sind, welche schöne Verhältnisse bilden sollen, und
darnach allein richtet sich ihr Werth als ästhetischer. Poetisch
betrachtet haben also alle jene eigentlichen ethischen Willens=
verhältnisse nur den Charakter allgemeiner ästhetischer Ver=
hältnisse: daher die Willkür, mit der sie bald ganz, bald
zum Theil, mit oder ohne die Verbindung anderer Elemente
auftreten können. Es wurde bereits oben durch eine aus
Herbart's Lehrbuche zur Einleitung citirte Stelle hervorge=
hoben, daß der Poesie nicht wie der Ethik an einer voll=
ständigen Zusammenfassung und gleichmäßig wirkenden Kraft
aller ethischen Ideen gelegen sei; ebenso, daß die Ethik ab=
stracte Sätze, die Poesie concrete Fälle zur Darstellung
bringe. Die Poesie stellt demgemäß auch einzelne ethische
Ideen auf Kosten der übrigen vor unser Auge, indem sie
keinen anderen Zweck verfolgt, als die Schönheit. Wo
die Veranschaulichung der ethischen Sätze im Ganzen
oder im Einzelnen in einem solchen Maße stattfindet, daß
der Zweck der Darstellung derselben den Zweck der Schön=
heit überragt, dort stellt sich ein ähnliches Verhältniß heraus,
wie bei den früher bemerkten in wissenschaftlichem Interesse ge=

lieferten poetischen Kunstwerken. Es ist stoffliches Interesse, nicht ästhetisches Wohlgefallen an der Form, welches unsere Theilnahme erwecken soll, wenn auch jenes stoffliche Interesse der Verdeutlichung ethischer Wahrheiten dient; zur Veranschaulichung der letzteren leistet eben eine wissenschaftliche Abhandlung bessere Dienste und die Poesie, welche nur in concreten Lebensverhältnissen webt, wird nicht ohne ästhetischen Nachtheil die abstracte Weise der ersteren ersetzen wollen. Im Mittelalter nannte man Stücke, welche moralische Lehren veranschaulichen sollten, geradezu Moralitäten; in Lessing's Nathan tritt das religiöse und theologische Interesse mit einer ziemlichen Prätension vor unsere Augen, wird aber durch die lebendigen Gestalten einigermaßen beschwichtigt; Schiller's Marquis Posa dagegen enthält so viel Edelmuth, als sollte uns in anderer Art das Ideal des stoischen Weisen vor die Phantasie geführt werden; in den sogenannten Rührstücken oder in der Darstellung von Tugendhelden ist es bald die Idee des Wohlwollens, bald mehrere ethische Ideen, welche in einer auch die Grenzen poetischer Wahrscheinlichkeit übersteigenden Weise vor uns erscheinen. Die Tendenzstücke, volksthümliche Größen, sind eine Mittelgattung, in welcher bald ethische, bald andere Gedanken, namentlich solche, welche auf politischer oder nationaler Eigenthümlichkeit beruhen, in einem solchen Maße zum Vorschein treten, daß ihre Darstellung den Zweck der Schönheit überragt.

Damit das stoffliche Interesse allseitig von dem reinen ästhetischen Wohlgefallen an der Form getrennt werden könne, ist es nothwendig, einen Punct hervorzuheben, der zum Theil auf Unwissenheit, zum Theil auf einem geringen ästhe tischen Geschmack, zum Theil aber auch auf den vorgefaßten Meinungen einer falschen Theorie beruht, gleichwohl aber geeignet ist, auf das ästhetische Urtheil einen directen störenden Einfluß zu nehmen. Wir meinen die Vorliebe für gewisse Muster, in denen man nicht blos das Nachahmenswerthe zur Nachahmung empfiehlt, sondern auch das ästhetisch Verwerfliche mit in den Kauf geben möchte, welches nur in den Sitten der Zeit, in den Eigenheiten der Nation oder gar des Dichter=Individuums seine Rechtfertigung findet. Recht auffällige Beispiele dafür sind die französischen Muster für Deutschland im 17. Jahrhundert oder die Shakespearomanie seit Lessings Hamburger Dramaturgie, welcher zum Theil mißverstanden wurde. Eine Ueberschätzung der Muster mischt im Grunde nur auf Umwegen das theoretische Interesse in das reine ästhetische Urtheil.

Was insbesondere Shakespeare betrifft, so sind die Fälle zahlreich, in denen sich die roheren Sitten der damaligen Zeit und der Nation abspiegeln, welche für uns keineswegs als Muster der Nachahmung gelten dürfen und, — was hier besonders hervorzuheben ist, — für ein objectives ästhetisches Urtheil eine völlige Disharmonie der Gesinnungen verrathen, z. B. die Vermischung des Tragischen mit dem Possenhaften in Romeo und Julia, indem bei der Nachricht von Juliens Tode die Amme und Merkutio in einer unser Gefühl verletzenden und den ästhetischen Genuß störenden Weise sich Luft machen; eben dahin gehören die vielen Raufereien in Shakespeare'schen Stücken*).

Wenn aber in den besten Mustern es so Vieles gibt,

---

*) Vergl. Karl Bilz, dramatische Studien, Potsdam 1863, I. 67 p. f.

welches theils als Stoffliches uns gleichgiltig läßt, theils durch die Art der Gedankenverbindungen unser reines ästhetisches Urtheil zum Tadel herausfordert, so könnte man schon glauben, für das, was den ästhetischen Normen gemäß sein soll, gäbe es in der Wirklichkeit gar keine Belege, welche in ihrem ganzen Umfange von den Ideen durchdrungen wären. Mit dem Gedanken der Wirklichkeit erhalten wir aber keine ästhetische Rechtfertigung. Hier geht es der Aesthetik gerade so wie der Ethik. In der wirklichen Welt gibt es gar Vieles, was schlecht und gemein und falsch ist; die Anforderungen dagegen, welche die moralischen Ideen an das menschliche Handeln und das eigene Urtheil an uns selbst machen, sind die höchsten, die sich denken lassen. Das wirkliche Kunstwerk erwächst wie die Pflanze auf seinem natürlichen Boden; die Anschauungen der Zeit, die Sitten der Nation spiegeln sich in ihm und insbesondere gibt das poetische Kunstwerk, als ein Werk der Gedanken, das lauteste und deutlichste Zeugniß davon. Alle diese Seiten sind dem Schönen an sich oder den Ideen, nach welchen dasselbe sich regeln soll, unwesentlich, und es ist eben die Aufgabe der Aesthetik, nicht mit der Zeit zu gehen, sondern über der Zeit zu stehen. Wer freilich, das Seiende mit dem Sein-sollenden verwechselnd, das Wirkliche vergöttern und das Göttliche verwirklichen will, der wird mit Hegel sagen müssen: Vernünftig ist, was wirklich ist, und wirklich, was vernünftig, aber er soll dann auch keine Scheu tragen, den Egoismus moralisch und die Geschmacklosigkeit ästhetisch zu nennen. Es ist übrigens ganz consequent und der Anschauungsweise gemäß, wenn diese Theorie in der Geschichte ihre Rechtfertigung sucht, und das System zum Historismus wird.

Aber so wenig aus dem Abglanz des Lichtes auf dem Meere mit seinem bald glänzenden Spiegel, bald unruhigen Wogen das Licht selbst richtig erkannt werden kann, eben so muß es falsch sein, wollte man das, was sein soll, nach dem Maßstabe dessen, was ist, beurtheilen.

Das Wirkliche unterliegt, wie alles Seiende, nur der theoretischen Betrachtung und ist als solches ästhetisch gleichgiltig; soll ein herantretendes Urtheil Gelegenheit finden, einen Ausspruch des Werthes zu thun, so kann er nur in dem Unterschiede der Verbindungsart mehrerer an sich gleichgiltiger Glieder seinen Grund haben. Nicht was, sondern wie etwas erscheint, ist für die Anregung des Urtheils wesentlich. Aus jenem ergibt sich der gleichgiltige Stoff, aus diesem die werthvolle Form. Soll aber etwas werthvoll werden, so kann es nicht das eine bleiben, was es an sich ist, nämlich ein ästhetisch Gleichgiltiges, sondern muß zu Verbindungen herauswachsen, deren Verhältnisse das Urtheil zu einem Ausspruche des Werthes treiben. Diese Verbindungen können nun verschiedene sein und demgemäß kann auch derselbe Stoff gute und schlechte Früchte treiben. Um einen anschaulichen Beleg dazu zu geben, wählen wir der Einfachheit wegen zwei lyrische Gedichte, welche denselben Stoff zum Vorwurfe haben, aber durch ganz verschiedene Gedankenverbindungen diesem Stoffe einen ungleichen Werth geben. Das eine ist Friedrich Hebbel's „Vorbereitung" und lautet also:

> Schilt nimmermehr die Stunde hart,
> Die fort von dir was Theures reißt;
> Sie schreitet durch die Gegenwart
> Als ferner Zukunft dunkler Geist;
> Sie will dich vorbereiten, ernst,
> Auf das, was unabwendbar droht,
> Damit du heut entbehren lernst,
> Was morgen sicher raubt der Tod.

Das Unglück, das Jemanden getroffen und die Veran=
lassung zu dem Gedichte gab, nennt der zweite Vers män=
niglich beim Namen. Die aufmunternde Rede, die ein An=
derer oder er sich selber, um zu trösten, hält, zeigt aber in
Vers 3 und 4 einen theatralischen Pathos (hinter den Cou=
lissen scheint man zu lachen) und in den folgenden Zeilen
einen Trostgrund, der uns verletzt, weil wir es hartherzig
finden, wenn jemand zu uns bei einem großen Unglücke sagen
möchte: „wir müssen ohnedem alle sterben; das Schicksal liebt
nnn einmal solche Possen!" Was uns aber in diesem Gedichte
verletzt und unser Gefühl bei der Hartherzigkeit des Trostes
gegenüber dem im Unglücke wehmüthig gestimmten empört,
beruht auf einem ganz objectiven disharmonischen Gedanken=
verhältnisse, welches auch dem ästhetischen Urtheile als miß=
fällig erscheint. — Das andere Gedicht ist von Heinrich
Heine, ohne Titel, und lautet so:

> Anfangs wollt' ich fast verzagen,
> Und ich glaubt', ich trüg es nie;
> Und ich hab' es doch getragen, —
> Aber fragt mich nur nicht: wie?

Keine Rede, die wir hören! Nur Worte des Stöhnen=
den, die er mit gepreßten Lippen flüstert oder still in sich
verbirgt. Die leise Dissonanz, in welche die Gedanken aus=
zuklingen scheinen, ist ein lichter Schleier, aus dem die
Harmonie des Ganzen nur um so herrlicher hervorblickt.
Dazu kommt der zagende Gang der Trochäen, als stockte das
Blut bei der langsam bewegten Empfindung und die kurzen,
natürlichen Sätze, nicht wie oben bei Hebbel's Gedichte der
springende Jambus, der bald munter hüpft, bald in der ver=
renkten Wortstellung hinkt, — und wir haben oben einen

widrigen Pathos, hier einen wahren Naturlaut vor uns,
wie Heine selbst in seiner Polemik gegen Platen das Wesen
des lyrischen Gedichtes bezeichnet*).

All' unsere Freude und unser Wohlgefallen entspringt
nicht aus dem Gedanken an und für sich, sondern aus Ge=
dankenverbindungen, welche in dem einen der Gedichte schöne,
in dem anderen nicht schöne Verhältnisse bilden, oder mit
anderen Worten, nicht aus dem Stoffe, sondern aus der Form.
Was man aber in der Poesie häufig Form genannt hat,
stimmt weder mit der angegebenen Bedeutung überein, noch
kann sie als die Quelle unseres Wohlgefallens am Poetisch=
Schönen angesehen werden. Die zeitliche Aufeinanderfolge
der Gedanken nämlich bedingt deren rhythmische Gliederung
und ihre Mittheilung durch die Sprache eine Verwendung
des vorhandenen Sprachschatzes nach seinen musikalischen und
stylistischen Mitteln. Es treten also zu den ursprünglichen
Elementen neue hinzu mit neuen Verhältnissen. Wir haben
dann dreierlei Verhältnisse für unser Urtheil vor uns: rhyth=
mische, musikalische und Gedanken. Das Wohlgefallen für
die beiden ersteren bleibt auch dann noch bestehen, wenn die
Gedanken beinahe oder ganz in den Hintergrund treten. Der
letztere Fall wird dort eintreten, wo Jemand ein Gedicht in
einer ihm ganz fremden Sprache, z. B. der italienischen, anhört
und trotz der Unmöglichkeit die Gedanken aufzufassen, doch
von einem offenbaren Wohlgefallen ergriffen wird; der er=
stere Fall hingegen, wenn wir ein deutsches Gedicht, etwa
von Platen, anhören und uns gestehen müssen, die rhyth=
mische und musikalische Verbindung in den einzelnen Theilen

---

*) S. die Bäder von Lucca. S. W. II. p. 289.

bilde einen wundersam geordneten Klingklang, auch stilistisch
und sprachlich sei Alles ohne Fehltritt, aber es seien so wenig
oder gar keine Gedanken vorhanden. Es ist gar nicht schwer,
von hier aus in den großen Chorus landläufiger Redens=
arten mit einzustimmen und zu sagen: da habe man ja einen
recht eclatanten Fall für eine formelle Vollendung ohne ideellen
Gehalt. Wie man sieht, wird hierbei der Begriff „Form"
in einem ganz anderen Sinne genommen und der Poesie
insinuirt, als forme sie gar nicht mit Gedanken, sondern
mit Zeittheilen und Wörtern eines vorhandenen Sprachschatzes;
außerdem aber das Wort „Gehalt" in dem doppelten Sinne
von „Inhalt" und „Werth" genommen, als habe der stoff=
liche Charakter eines einzelnen Gedankens schon einen An=
spruch auf Werth. Die Psychologie lehrt uns, daß, je stärker
und lebhafter eine Vorstellung das Bewußtsein erfüllt, die
übrigen dadurch desto mehr zurückgedrängt erscheinen, wenn
sie auch vorhanden sind, und umgekehrt werden diese an
Stärke gewinnen, wenn jene von ihrem Höhengrade her=
absinkt; ja auch die schwachen werden sich bemerkbar ma=
chen, wenn wir sie dort erwarten, wo sie nicht vorhanden
sind. Dies ist wichtig für die Auffassung poetischer Verhältnisse.
Das einheimische Element der Poesie sind Gedanken, welche sich
bei der Mittheilung mit musikalischen und rhythmischen Ele=
menten in Verbindung setzen. In dieser Verbindung können
nun entweder schöne Gedankenverhältnisse vorhanden sein,
während die durch die Mittheilung dargebotenen neuen Ele=
mente in den Hintergrund treten, oder es können die rhyth=
mischen und musikalischen Elemente die Gedanken förmlich in
den Hintergrund drängen, oder endlich sie können beide in
gleichem Maße berücksichtigt erscheinen. Für den ersten Fall

dient die altdeutsche Poesie als Beleg; für den zweiten wurde
schon oben ein Beispiel gegeben und für den dritten kann
als solches Sophokles in der Tragödie, Göthe und Heine
in der Lyrik gelten. Gesetzt nun, es finde ein vollkommen
gebildeter Geschmack nur bei der letzteren Art von Poesie
eine ästhetische Befriedigung, welche das erwartete Maß er=
reicht, so haben wir in den beiden ersten Fällen ein einzelnes
Theilschöne je in dem einen, welches in verschiedenem Stärke=
grade auf der Höhe des Bewußtseins steht; insbesondere gilt
von dem zweiten Falle, daß es zwar den Anspruch macht
und in uns die Erwartung erregt, als enthalte es schöne poe=
tische, d. h. Gedankenverhältnisse, während es in der That nur
die in Folge der Mittheilung hinzugekommenen neuen Elemente
in veredelter Form aufweist; mit anderen Worten, es wäre ein
technisch=vollendetes, aber gedankenleeres Gedicht, in unserer
Sprache ein Kunstwerk, welches ein poetisches sein will und
dennoch es nicht ist. In der Plastik fand ein ähnliches Ver=
hältniß Statt, bei demjenigen Werke nämlich, dessen lineare
Formen tadellos erschienen, dagegen hinsichtlich derjenigen
Verhältnisse, welche dem einheimischen Elemente der Plastik,
den körperlichen Umrissen, entnommen sind, das Urtheil ohne
alle Anregung blieb.

Es bleibt noch derjenige Stoff für die Betrachtung übrig,
der für den Künstler das Object seiner Darstellung ist und
als solches Gleichgiltiges und Werthvolles zugleich in sich
faßt. Die Nachahmung der Natur, welche bei den bildenden
Künsten von so großer Wichtigkeit war, stellte uns einen an=
schaulichen Gegensatz vor Augen zwischen schönen Verhält=
nissen, welche wie von selbst entstanden zu sein schienen, und
solchen, welche das Gepräge der bewußten künstlerischen Absicht

an sich trugen. Derselbe Gegensatz wiederholt sich nun inner=
halb des poetischen Kunstschönen als Natur= (oder Volks=)
und Kunstpoesie. Die erstere ist eine natürliche Blüthe des
menschlichen Geistes, die nur des geeigneten Bodens bedarf,
um zu gedeihen; die letztere entspringt der bewußten Absicht
des schaffenden Künstlers. Es läßt sich von hier aus leicht
ein Rückschluß machen auf die Musik und Rhythmik, in denen
in ähnlicher Weise gewisse Volksmelodien und Nationaltänze
gleichsam als ein Naturschönes des menschlichen Geistes auf=
treten. Für die Poesie aber liefert die Entwickelung, wie sie
in Griechenland sich gestaltete, sowohl für die primitive
Weise, in welcher sie zuerst auftrat, als auch für die wei=
tere künstlerische Veredlung die anschaulichsten Belege. Es
mochte lange dauern, bis all' die kleinen Bäche griechischer
Volkslieder über berühmte Heldenthaten in einen großen
Strom zusammenfloßen und die zerstreuten Elemente durch
den Sinn eines genialen Meisters geordnet und verbunden
wurden*), wodurch die Blüthezeit epischer Gesänge nicht nur
einen würdigen Abschluß erhielt, sondern auch das epische
Ganze als solches durch die Art seiner Zusammenfügung eine
Quelle neuer Schönheiten wurde und der Ruhm des Homer
auch so noch von seiner Unsterblichkeit nichts verlor. Es ist
mit dem epischen Strome Homerischer Gedichte wie mit dem
Nil: erst in spätester Zeit entdeckte man seine Quellen. Ver=
folgen wir aber die Entwickelung der griechischen Poesie weiter,
so finden wir, daß aus der Sagenzeit der epischen Gedichte
fast ausschließlich die Stoffe für die Tragödien genommen

---

*) Vergl. H. Bonitz: Ueber den Ursprung der Homerischen Ge=
dichte, ein Vortrag. Wien 1860.

wurden, als sollten aus dem epischen Gemälde plastische Ge=
stalten mit genauerer Individualisirung gebildet werden. Diese
dichterischen Stoffe sind aus dem nationalen Leben der Grie=
chen selbst genommen, daher ist ihre Gesammtbildung zwar in=
dividuell=national, aber sie bildet auch in sich ein vollständiges
Ganze. Die Bildung der neueren Völker ist zwar univer=
seller, aber deshalb auch zerstückter. Die dichterischen Stoffe
der letzteren sind bald der Geschichte entlehnt, bald der Sage
(der ersteren gehört Göthe's Götz und Egmont an, der
letzteren sein Faust, noch zahlreicher sind die Beispiele für
beide, die uns Shakespeare gibt), bald dichterischen Pro=
ducten (z. B. Lessing's Nathan einer Novelle des Boccaz),
oder sie sind des Dichters eigene Erfindung (z. B. Schil=
ler's Cabale und Liebe).

Alle diese Stoffe neuerer und älterer Dichter sind nicht
etwas Einfaches und deshalb Gleichgiltiges, sondern aus Ge=
dankenverhältnissen zusammengesetzt, welche unser Urtheil zum
Ausspruche des Wohlgefallens oder Mißfallens drängen;
für den Dichter dagegen werden sie im Momente des Schaf=
fens zum gleichgiltigen Gerüste, an dem sich der neue Auf=
bau erhebt, der den alten Grund wohl erkennen läßt, aber
idealisirt und in verklärter Gestalt. Es versteht sich dabei
übrigens von selbst, daß für das Dichter=Individuum der
eine Stoff mehr Anregungen darbieten kann als der an=
dere: daher es erklärlich ist, wie Göthe in Bezug auf
Hermann und Dorothea sich glücklich schätzen konnte, auf
einen so trefflichen Stoff gestoßen zu sein.

VI.

Im Voranstehenden sind alle diejenigen Elemente einer näheren Betrachtung unterworfen worden, welche die Construction der einfachen Künste in ihrer vollständigen Aufzählung der Untersuchung darbot. Es kann nicht unsere Absicht sein, diese Construction in Beziehung auf das Naturschöne nochmals zu wiederholen, zumal dessen Beziehungen zu den einfachen Künsten bei jeder einzelnen derselben schon erwähnt werden mußten. Nur diejenigen Puncte sollen einer besonderen Erörterung in Kurzem unterzogen werden, welche das Naturschöne abgesondert von den Künsten betreffen.

Die freien Schöpfungen der Menschen, wie sie in den verschiedenen Künsten das Schöne darstellen und in so verschiedenem Grade sich demjenigen Ideale nähern, welches alle Anforderungen der ästhetischen Ideen erfüllt, sowie durch den erreichten Grad, in welchem sie den Anforderungen dieser höchsten Normen gerecht zu werden suchen, den Culminationspunct des dargestellten Schönen bezeichnen, — alle diese Schöpfungen haben an dem Naturschönen jenen unversiegbaren Born, der zu immer neuen Anregungen führt und zu immer neuen Blüthen und Früchten treibt. Aber trotzdem, daß die Natur eine so reichliche Quelle des Schönen ist, muß der Betrachter eines Natur= oder Kunstobjectes sich gestehen, es bestehe doch ein großer Unterschied zwischen beiden und

errege den Anschein, als fehle dem Naturschönen die Rein=
heit der Darstellung. Das Kunstwerk nämlich kündigt sich
ganz offen als ein solches an, welches nur als ein Schönes
betrachtet sein will; es zwingt den Betrachter förmlich zu
einem ästhetischen Wohlgefallen oder Mißfallen und offen=
bart seinen Zweck, nichts anderes als ein schönes Werk zu
sein. Durch diesen aus künstlerischer Absicht hervorgegangenen
Zweck ist ihm der Stempel des Geistes aufgedrückt. Dieser
ausschließliche Zweck geht den Naturproducten gänzlich ab.
Das Häßliche, Gleichgiltige, Schöne, Nützliche, in bunter
Mischung neben einander befindlich, übt keinen förmlichen
Zwang aus auf den Betrachter, so daß er es gerade nur als
schön ansehen solle. Wer nicht wie wir das Schöne durch
den Nachweis objectiver Verhältnisse und den Werth der=
selben, wo sie sich anch immer finden mögen, durch unser
unwillkürliches Urtheil begründen will, sondern dem Ursprunge
des dargestellten Zweckes nachgehend, erst wie Hegel auf
den Stufen des absoluten Geistes dem Schönen begegnet,
für den hat die Betrachtung des Kunstschönen die Bedeutung
des Schönen überhaupt, und das Naturschöne wird, falls es
dennoch mit in den Kreis gezogen werden sollte, nur die
Consequenz des Systems verletzen.

Aus der gegebenen Andeutung, daß das Kunstwerk jenen
ausschließlichen Zweck verfolge, eine Darstellung des Schö=
nen zu sein, das Naturproduct aber nicht, läßt sich leicht
die Folgerung ableiten, daß das ästhetische Urtheil bei dem
letzteren nicht so schnell und so nothwendig sich geltend mache,
als bei dem ersteren. Das Kunstwerk setzt nur diejenigen
Kenntnisse voraus, welche eine vollständige Auffassung möglich
machen, und das ästhetische Urtheil wird sich fast unaus=

weichlich einstellen. Da aber der Zweck des Naturproductes
nicht jene ausschließliche Richtung als ein schönes gelten zu
wollen an sich hat, so hängt die Anerkennung des Schönen,
welche dasselbe besitzt, mehr von dem betrachtenden Subject
ab, in welchem diejenige bestimmte Saite wiedererklingt, die
sich angeregt fühlte, oder mit anderen Worten: es hat die
Phantasie des Betrachters einen größeren Spielraum für
seine Thätigkeit, indem sie das Schöne zu entdecken und aus
seiner unschönen Beimischung und Umgebung auszuscheiden
suchen muß. Und wenn auch das Object den gleichen selbst=
ständigen Werth an sich hat, so fordert doch seine Natur
von Seite des Betrachters eine größere Empfänglichkeit,
welche für denjenigen, der diese Empfänglichkeit nicht besitzt,
den Anschein erweckt, als würden die Schönheiten der Natur
erst förmlich geschaffen. Denn wie in der Natur das Werth=
volle neben dem Gleichgiltigen sich befindet, so ist es in der
Anlage der menschlichen Gemüther: Empfänglichkeit neben
Unempfänglichkeit, Fülle der Phantasie neben Mangel der=
selben. Man spricht zwar nur von Mutterwitz, aber die
übrigen Anlagen sind nicht weniger mütterlich. Eine Reise=
beschreibung von Göthe oder Heine führt uns die lieb=
lichsten Bilder vor, so daß uns die ganze Natur mit dem
Schleier der Schönheit verklärt zu sein scheint; auch die
feinen Beziehungen zur dichtenden Seele, durch welche die
Natur wie eine lebende Sprache zu ihr redet, treten in kla=
ren Umrissen hervor. Gar manchen möchte die beschriebene
Gegend, welche ein Ziel der Sehnsucht war, sie mit eige=
nen Augen zu schauen, so lange er sie mit des Dichters
Augen erblickte, wohl enttäuschen, wenn er der Sehnsucht
gewährte. Das was er dachte, sieht er nicht und was er

fieht, hat wenig Verwandtſchaft mit dem, was des Dichters
rege Phantaſie zu beleben verſtand. Wenn aber die Werth=
ſchätzung des ſchönen Naturproductes von Seite des betrach=
tenden Subjectes eine größere Thätigkeit der Phantaſie vor=
ausſetzt, als bei einem Kunſtproducte, welche zu einem bei=
fälligen oder mißfälligen Ausſpruche uns förmlich zwingt, ſo
iſt ſie ſelbſt ungleich mehr, um einzutreten und ſich als äſthe=
tiſche geltend zu machen, dem Zufalle unterworfen.

Fragen wir nun weiter nach den objectiven Beſtimmungs=
gründen für das äſthetiſche Urtheil, ſo werden dieſelben An=
ſchauungsformen des Raumes und der Zeit, durch welche
die Ableitung aller einfachen Künſte möglich war, auch hier
zur Angabe der wirkſamen Elemente maßgebend ſein. An
jene reihten ſich nach der Zahl der Dimenſionen Architektur,
Malerei und Plaſtik, an dieſe in analoger Weiſe Rhythmik,
Muſik und Poeſie. Für die erſte Dimenſion des Raumes
treten die linearen Verhältniſſe auf, welche bei dem Natur=
ſchönen in der mannigfachſten Art unſer Wohlgefallen erregen.
Sie zeigen ſich in felſigen Gegenden, am Horizonte, in den
Sternbildern, in Meeresbuchten, namentlich mit ſchroffen
Ufern, in der Anlage von Gebirgsketten, ebenſo in der or=
ganiſchen Natur am Baue der Pflanzen, Thiere und Men=
ſchen, deren Skelet uns den Grundriß als ein Ganzes li=
nearer Verhältniſſe darſtellt. Aber in allen dieſen Formen
ſteht neben dem Wohlgeſtalteten das Mißgeſtaltete, als läge
die Mißgeburt in gleicher Weiſe im Schoße der Natur wie
die Wohlgeſtalt. Die zweite Dimenſion bringt die Fläche
hinzu, welche zwar nicht an ſich, wohl aber durch die Farben
ein Element beſitzt, durch deren Verbindungsarten ſich dem
Urtheile ein neues Feld von wohlgefälligen oder mißfälligen

Verhältnissen darbietet und das Naturschöne einen neuen
Reichthum von Schönheiten zeigt. Der Sonnenauf- und Un-
tergang zeigt die größte Mannigfaltigkeit und Abstufung theils
durch den Farbenwechsel, welcher durch glänzendere und dunk-
lere Wolkengebilde vermehrt wird, theils durch den bedeu-
tend größeren (photometrisch berechneten) Helligkeitsgrad, von
dem die Malerei aus ihren Mitteln nur wenig darzustellen vermag. Blühende Felder, Auen und Flüsse, das Meer, welches wie
ein spiegelndes Farbengebilde erscheint, offenbaren die größte
Fülle und den buntesten Wechsel. Wenn im Winter durch
die Einfärbigkeit der Flächen wenig Verbindungen farbiger
Elemente auf- und somit auch die malerischen Verhältnisse
zurücktreten, so kommen dadurch häufig die linearen Verhältnisse, welche durch die Menge der farbigen im Sommer zurückgedrängt wurden, desto stärker zum Vorschein. Es ist,
als wollte uns ein entlaubter Baum, der im Sommer im
größten Farbenschmucke prangte und jetzt wie ein kahles Ge-
rippe emporstarrt, gerade dadurch die Verhältnisse seines
Grundrisses deutlicher vor Augen stellen. Dies ist zum Theil
mit der Grund, warum man vom Winter sagt, er habe seine
eigenthümlichen Schönheiten.

Fassen wir nun diejenigen Elemente, welche alle drei Dimensionen an sich tragen, die körperlichen Umrisse, in's Auge,
so zeigt auch hier die Natur, namentlich in den Organismen,
einen großen Reichthum, sowohl in der Art der Formen als
in dem Grade ihres Werthes. Auch sind diese Formen
desto bestimmter ausgeprägt, d. h. es offenbart sich der eigenthümliche Charakter derselben in der Art der Verbindung
desto deutlicher, je zahlreicher und höher die Functionen sind,
deren Träger das Individuum ist. Individuen, deren Func-

tionen die der Gattung im Allgemeinen sind, tragen auch
nur diesen allgemeinen Gattungstypus an sich, wie namentlich
bei den Pflanzen und niederen Thieren. Bei den Menschen
aber sieht kein Individuum dem andern mehr gleich; ein jeder
hat sein specielles Gepräge, als sollte jeder das Bild seines
inneren Zustandes sein, und so verschieden dieser innere Zustand, so verschieden das höhere oder niedere Interesse desselben ist, so mannigfach ist auch die Form seines Ausdruckes.
Fast scheint es, als wiederhole die Natur im Menschen noch
einmal den Reichthum ihrer schaffenden Kraft, da sie in
demselben alle Grade von der thierischen Roheit bis zur
geistigen Hoheit in den specifisch geformten Individualitäten
auszuprägen gewußt hat. Aber nicht jeder Ausdruck ist schön
und Schönheit ist nicht der einzige Zweck, den die Natur
bei ihren Gebilden verfolgt. Ferner sind diese linearen, flä-
chenförmigen und körperlichen elementaren Verbindungen,
welche gesondert in die Betrachtung gezogen wurden, nicht
auch in einer solchen Vereinzelung in der Natur zu finden,
sondern alle drei sind in lebendiger Art mit einander vereinigt. Schroffer sondern sich von einander die menschlichen
Künste. In der Architektur zeigt sich ganz offen und in gesonderter Weise die Steifheit der Linien, in der Malerei
die farbige Fläche und in der Plastik werden die körperlichen
Umrisse auf einfarbigem oder farblosem Stoffe zum Vorschein
gebracht. Dagegen sind die farbigen Flächen der Natur zugleich an lebenden Körpern von bestimmtem Skelet, d. h.
wohlgefälligen Linienverhältnissen, die zackigen Felsen tragen
selbst den farbigen Schein, die schimmernden Nebel ruhen
auf Hügeln mit Bäumen bewachsen, welche eine Wohnung
des Wildes sind. Kurz es durchdringen sich alle Elemente

zu einem lebendigen Ganzen. — Es wären nun in der Natur
diejenigen Elemente aufzusuchen, welche der Zeit entnommen
sind und dadurch eine vollständige Aufzählung der einfachen
Künste in der zweiten Reihe möglich machten. Hinsichtlich
der rhythmischen Verhältnisse wurde schon darauf hingewiesen,
daß in einigen in der Natur vorkommenden Erscheinungen
(z. B. Wachtelschlag, Galopp der Pferde) Rhythmen be=
merkbar sind; aber sie gehören alle den zweitheiligen an.
Eine gleichmäßig fortgehende Reihe von Hebung und Sen=
kung wirkt monoton, daher die rhythmische Kunst eine Reihe
von Hebungen und Senkungen selbst wieder gliedert (vergl.
das Distichon, die Nibelungenstrophe; das lange Anhören
von Tanzmusik mit ihrem wechsellosen Rhythmus wird eben
deshalb durch den monotonen Gang langweilig). Daher bietet
die Natur, von dieser Seite betrachtet, nur Spuren von
Verhältnissen dar, welche eine ästhetische Wirkung hervor=
rufen. Symmetrische Zeitverhältnisse, d. h. solche, welche
einen Mittelpunct der Dauer mit gleichem Vor= und Nach=
verlauf haben, finden sich in dem Lebenslaufe eines jeden
Menschen oder ganzer Völker, oder auch geschichtlicher Pe=
rioden. Freilich ist diese Symmetrie selten völlig rein, oder
wird, wo sie vorhanden ist, gar nicht bemerkt. Um hiezu
einen anschaulichen Beleg zu geben, ist es zweckmäßig, noch
einmal auf diejenige Kunst einen Rückblick zu werfen, welcher,
wenn sie symmetrische Verhältnisse darstellt, es möglich ist,
sie in völliger Reinheit uns vorzuführen. Zugleich wird man
daraus ersehen, daß die Ansicht, welche die Musik ein Vor=
bild der Aesthetik nennt, eine wohlbegründete ist. Es mögen
daher statt vieler Fälle nur zwei hier ihre Stelle finden,
aus denen die rhythmische Symmetrie unmittelbar hervor=

leuchtet. In Schumann's Kinderscenen (op. 15) gliedert
sich die sechste mit dem Titel „Wichtige Begebenheit" nach
der von dem Componisten selbst gegebenen Eintheilung in
drei Theile mit den Tactzahlen:

8, 16, 8,

wovon der letztere Theil eine Wiederholung des ersteren ist
und der mittlere auf diese Weise so recht als Mittelpunct
der Gruppirung heraustreten kann. In dem Vivace alla
Marcia der Sonate Beethoven's op 101 stellt sich,
wenn man alle angegebenen Wiederholungen berücksichtigt
und die zweite Wiederholungshälfte in zwei leicht zu son-
dernde Abschnitte theilt, da vom 25. Tacte an das ursprüngliche Thema wieder eintritt, nach der Zahl der Tacte folgendes Schema heraus:

19. 24. 19. 24. 19. — 40. — 19. 24. 19. 24. 19.

Hier erscheint die Zahl 40 als der Mittelpunct, zu dessen
beiden Seiten die gleiche Zahl der gleichen entspricht. Freilich
dürfte sich im Leben der Menschen eine so verwickelte und
doch streng gegliederte Symmetrie schwerlich finden; dafür desto
häufiger jene einfachere. Sie zeigt sich im Wachsen, Blühen
und Abnehmen der menschlichen Kräfte, ebenso im Steigen,
Culminiren und Sinken des Vorstellungsverlaufes (Schumann hat daher auch ganz richtig in dem obigen Stückchen
dem ersten und letzten Theile ein Forte, dem mittleren dagegen ein Fortissimo vorangesetzt, da uns die Musik zugleich
ein anschauliches Bild des Vorstellungsverlaufes versinnlichen
kann). Als ein Beispiel rhythmischer Symmetrie kann auch
die Eintheilung der Schelling'schen Weltperioden erwähnt
werden und dasselbe gilt von den Hegel'schen Trichotomien.
Insbesondere sind wir bei dem letzteren den schönen Drei-

klang so gewöhnt, daß wir da, wo er verletzt erscheint (z. B.
in der Rechtsphilosophie §. 230 — 256, am zahlreichsten
aber in seiner Naturphilosophie), auf eine Lücke des Systems
zu stoßen glauben. — Hinsichtlich der musikalischen und poetischen Elemente lassen sich, wie schon anderwärts bemerkt,
Volksmelodien und Naturpoesie (im Gegensatze zur Kunstpoesie)
wohl unter dem Gesichtspuncte des Naturschönen fassen, indem dieselben als eine natürliche Blüthe des menschlichen
Geistes oder des speciellen Volksgeistes ohne Berücksichtigung
einer bewußten künstlerischen Absicht angesehen werden, aber
davon zeigen jene natürlichen Producte des menschlichen Geistes ebenfalls die Spuren.

Daraus folgt nun als Resultat in Beziehung auf die
Elemente, welche bei dem Naturschönen in die Betrachtung
kommen, daß als besonders wirksam, schöne Verhältnisse zu
bilden und das Urtheil anzuregen, diejenigen Elemente erscheinen, welche durch die Dimensionen des Raumes gegeben
sind, dagegen die durch die Zeit gegebenen weder in gleichem Umfange noch in gleicher Anschaulichkeit, wie die ersteren,
vor unser Auge treten.

Ob wohl jeder, der sich einen ästhetischen Genuß verschaffen will, sich an das Naturschöne und nicht an das
Kunschöne wenden möchte? Fast könnte man in Beziehung
auf das erstere sagen: ein Jeder sieht's, doch Keiner merkt's.
Ein großer Theil der Ursachen liegt wohl darin, daß der
Nutzen in allen Nuancirungen eine Hauptrolle spielt, wodurch
zwar Werthschätzungen wohl gemacht werden, aber keine ästhetischen. Ein anderer Theil offenbart sich darin, daß beim
Naturschönen die zwei Hauptarten des Vorziehens und Verwerfens, nämlich die subjective und die objective, jene als

von Neigungen, Zuständen und Bestrebungen des Subjectes ausgehend, diese nur die Beschaffenheit des beurtheilten Objectes, nicht die Gemüthslage des Subjectes berücksichtigend*), in ungleicher Weise zum Nachtheile der letzteren sich geltend machen. Daher scheint es besonders hier nöthig zu sein, an die Frage zu erinnern, wie das Geschmacksurtheil rein hervortrete. Denn da bei der Betrachtung des Kunstschönen die Richtung auf das Schöne bestimmter vorgezeichnet ist und das Kunstwerk einen gewissen Zwang ausübt, als ein Aesthetisches angesehen zu werden, so muß man bei dem Naturschönen, um die fremden Einflüsse, die sich neben dem ästhetischen Urtheile geltend machen wollen, auszuscheiden, insbesondere auf die subjectiven Bedingungen der absoluten Werthschätzung achten. Eine wandelbare subjective Stimmung, welche denselben Gegenstand, den sie heute vorzieht, morgen verwirft, kann über den objectiven Werth nichts entscheiden. Ebenso nachtheilig wirken, wie Allihn bemerkt**), oberflächliche Reflexionen und die Neigung zu sogenannten geistreichen Vergleichungen, vielmehr müssen die Objecte der Beurtheilung rein und vollständig dem Bewußtsein des Beurtheilenden vorschweben. Insbesondere ist der Mensch beim Naturschönen für jene Gefahren zugänglicher, bei der Betrachtung so vieler in einander verschlungener Objecte leichter zu verwirren und von dem Aesthetischen abzulenken.

Die Elemente, welche sich bei dem Naturschönen zu Verhältnissen verbinden, tragen in dieser Verbindung eine reichliche Veranlassung zu jener relativen Werthschätzung des

---

*) Allihn, Grundlehren §. 22.
**) A. a. O. §. 33.

Nutzens, welche mit der absoluten ästhetischen nichts gemein hat, sowie zu jener rein subjectiven der sinnlichen Zuträg= lichkeit, indem die Naturgegenstände als angenehm oder wi= drig bezeichnet werden. Aber angenehm wird etwas nur durch meine Empfindung. Dieselbe frische Luft oder dasselbe Wasser, welches mich erfreut, ist einem anderen unerträglich, weil diese Empfindungen nicht eine Folge des Objectes, sondern des Subjectes sind; und die Gefahr ist um so größer, auf das Object zu übertragen, was ursprünglich nur dem Sub= jecte angehörte, je zahlreicher die Fälle sind, in denen das Subject dem Objecte Epitheta leiht: so, wenn es eine Ge= gend lieblich, reizend, anziehend, nett, nieblich u. s. w. nennt, welche insgesammt nur Beziehungen zum Subjecte ausdrücken, keine Aussagen objectiver Verhältnisse sind.

Bei der sinnlichen Zuträglichkeit ist es gar nicht die praktische Werthschätzung im ästhetischen Sinne, welche be= schäftigt wird, denn diese dringt nur auf absolute Entschei= dungen, sondern das psychologische, d. h. theoretische Inter= esse, welches angeregt wird. Dasselbe zeigt sich aber auch noch in denjenigen Elementen, als einzelnen, welche zu Ver= hältnissen verbunden, das ästhetische Urtheil anregen können. Die Wirkung einzelner Elemente weist auf psychologische und physiologische Ursachen zurück, welche umsomehr zu be= achten sind, als das Bewußtwerden des specifischen Charak= ters eines einzelnen Elementes, z. B. einer Farbe, mit einem gewissen Tone der Empfindung verbunden ist. Daher wirken auch große grüne Wiesen elementar, nicht ästhetisch, und ihre Frische ist wohl dem Auge, nicht aber dem Urtheile wohlthuend. Dazu kommt, daß ganz disparate Elemente zu= gleich wirken und die verschiedenen Sinne beschäftigen. Da=

durch gewinnt wohl der Ton der Empfindung an Mannig=
faltigkeit und seine Erregung an Stärke, aber es ist dabei
kein Object für das Urtheil vorhanden. Uebrigens erfahren
wir den durch Häufung disparater Elemente erregten Em=
pfindungston auch in der Kunst bei manchen Opern und
Schauspielen. Wo sich aber immer dieser Ton der Empfin=
dung einstellt, ist er eine elementare, nicht ästhetische Wirkung.

In den Verbindungen mehrerer Elemente zu Verhält=
nissen ästhetischer Art offenbart sich ein solcher Reichthum
und eine solche Mannigfaltigkeit der Formen, daß wir von
der lebhaftesten Freude am Schönen in der Natur ergriffen
werden. Aber der große Reichthum schöner Verhältnisse ge=
währt bei der mannigfachen Verschlingung derselben eine
große Abwechslung und so ist es denn häufiger die Unter=
haltung, welche den Reiz der Abwechslung liebt, als der
ästhetische Genuß, den die Menschen in der Natur suchen.
Jene wollen durch eine bunte Abwechslung befriedigt werden,
diese geben sich auch mit anscheinend Wenigem zufrieden;
und wenn man eine gebirgige Gegend, welche nebst dem
Reize der Abwechslung auch eine größere Menge schöner
Verhältnisse darbieten sollte, als eine platte Ebene, vorzugs=
weise schön nennen wollte, so war es gar nicht Schönheit,
die man an ihr anerkennen wollte, sondern die Unterhaltung,
die sie gewährte, und man hätte sie lieber reizend als schön
nennen sollen. Es haben wohl beide ihre Schönheiten, nur
setzt die letztere eine größere Bildung des Geistes und mehr
Lust und Liebe zu ruhiger Sammlung voraus, als die er=
stere, um ihren Werth hoch genug anzuschlagen. Einen Beleg
hiezu liefert uns Alexander von Humboldt, der den Ein=
druck der südamerikanischen Steppen auf sein Gemüth mit

großer Lebhaftigkeit schildert. „Wenn im raschen Aufsteigen und Niedersinken die leitenden Gestirne den Saum der Ebene erleuchten; oder wenn sie zitternd ihr Bild verdoppeln in der unteren Schicht der wogenden Dünste: glaubt man den küstenlosen Ocean vor sich zu sehen. Wie dieser, erfüllt die Steppe das Gemüth mit dem Gefühl der Unendlichkeit, und durch dies Gefühl, wie den sinnlichen Eindrücken des Raumes sich entwindend, mit geistigen Anregungen höherer Ordnung" *). Es ist das regsame Spiel der Phantasie, welches sich hier besonders geltend macht, um die scheinbar spärlich vorhandenen Schätze wie in einem Brennpuncte zu sammeln und in verklärter Gestalt uns deutlicher vor Augen zu stellen.

Was den zuletzt berührten Punct betrifft, so wird bei der unendlichen Menge der schönen Gebilde in der Natur und ihrer mannigfachen Verschlingung unleugbar die Thätigkeit der Phantasie mächtig angeregt. Die verschiedene Richtung derselben wird darüber entscheiden, ob der eine diese, der andere jene Gebilde entdeckt, die sein Wohlgefallen auf besondere Weise erregen, und es wird z. B. der Dichter mit specifisch anderer Art an der Naturbetrachtung hängen als der Maler oder Bildhauer. Nun wird zwar nicht Jeder durch die Betrachtung der Naturschönheiten gleich dem Künstler zum Schaffen angeregt, so daß er wie dieser als Herr über bestimmte Formen zur Verwirklichung eines schönen Gebildes getrieben wird, um dem Drange seiner Begeisterung nachzugeben und ihre köstlichen Schätze in objectiver Gestalt zu

---

*) S. den Aufsatz „Ueber Steppen und Wüsten" in den Ansichten der Natur, I. Band, p. 4.

erblicken, aber als ein schönes Gebilde hat das Naturproduct auch für den Betrachter denselben Werth und führt ihn, wenn auch nicht zur Construction neuer, doch zur Recon=struction vorhandener Gebilde, und seine Phantasie wird dadurch immer noch in reichlicher Weise angeregt werden. Dazu bietet z. B. das Farbenspiel in der Abenddämmerung mit den mannigfachen Abspiegelungen der Umgebung, die linearen Formen der Naturgebilde oder solcher menschlicher Werke, die nur eine locale Zweckmäßigkeit an sich tragen, das Wogen und Treiben lebender Wesen, welche zugleich als die rechte, d. h. mit dem ganzen Bilde in Harmonie stehende Staffage erscheinen, eine reichliche Gelegenheit. Freilich ist auch Gefahr vorhanden für die Phantasie, daß sie irregeleitet werde, sobald die angenehmen oder unangenehmen Empfin=dungen ebenfalls an äußere Objecte ihre Epitheta heften. Insbesondere wird ihr Schaden dann recht merklich sein, wenn es gilt, dem schaffenden Spiele Ausdehnung und Zu=sammenhang zu geben.

Jean Paul sagt*), daß wir im Traume selbst oft Dichter werden. Man kann in ähnlicher Weise in Beziehung auf die Betrachtung des Naturschönen sagen, daß wir selbst Maler werden, indem unser Auge die mannigfachen Farben verknüpft und seine Perspective sich selbst zeichnet, daß wir selbst wie Baumeister in dem anscheinend ordnungslosen Bau den Grundriß mit wohlgefälligen Verhältnissen uns zeichnen oder aus einem Thale mit seinen Berg= und Hügelwänden die Gestalt eines Riesen uns formen. Das geschaffene Bild erfreut uns aber um so mehr, als die Phantasie diejenige

---

*) Vorschule der Aesthetik §. 57.

Vollkommenheit ergänzt, die ihm mangeln könnte. Hier kann
auch der Frage gedacht werden, ob eine Ruine schön sei?
Schopenhauer bejaht es ohne weitere Begründung*).
Die ganze Frage ist eigentlich unrichtig gestellt. Die Scher=
ben einer etrurischen oder griechischen Vase sind freilich auch
in dieser Gestalt noch schön, aber nicht das Bruchstück des
ersten besten Topfes. Die Formen der Ueberreste geben dort
auch in solcher Gestalt noch Zeugniß vom Ganzen. Oder
denkt Schopenhauer an eine romantische Umgebung? Dann
ist vom Naturschönen, nicht Kunstschönen die Rede. Aber es
ist die Thätigkeit der Phantasie, welche sich dabei geltend
macht, ganz außer Acht gelassen.

Da die Wirkungen des schönen Naturobjectes auf das
betrachtende Subject von so mannigfacher Art sind, so kann
die Ansicht noch erwähnt werden, welche diese Wirkungen
subsidiarisch verwerthen will für die Aufsuchung des Wesens
des Schönen, indem sie einen Rückschluß zu machen versucht
vom betrachtenden Subject auf das betrachtete Object. Dabei
ist ganz übersehen, daß, so lange man streng genommen bei
diesen Wirkungen verweilt, der psychologische Standpunct,
d. h. die theoretische Betrachtung nicht verlassen ist, wenn
man aber durch die praktische Werthschätzung auf das ob=
jective Wesen des Schönen geführt wird, das betrachtende
Subject ganz unberücksichtigt bleibt. Aus den Objecten mit
bestimmten Verhältnissen fließt eine constante Wirkung, so=
bald die Verhältnisse nur zur deutlichen Vorstellung gebracht
waren; aus dem schwankenden Spiele subjectiver Wirkungen
folgt nur Schwankendes und der Rückschluß von diesen auf

---

*) S. die Welt als Wille und Vorstellung. 3. Aufl. I. p. 254.

jene wird zum Fehlschluß. Das Schwankende ist auszuſon-
dern und das Conſtante herauszuſuchen.

Wenn die Principien der Aeſthetik nur darin liegen
können, daß ſie die einfachſten urſprünglichen Beſtimmungen
deſſen ſind, was am Objecte unwillkürlich gefällt oder miß-
fällt*), ſo wird man ſie in directer Weiſe nur finden können,
wenn man das Object ſelbſt in's Auge faßt. Sobald ſich
herausſtellt, daß man, um aus den ſchwankenden Zuſtänden
des Subjectes herauszukommen, dieſelben verlaſſen und als
Baſis conſtante objective Verhältniſſe vorausſetzen muß, durch
welche das Subject beſtimmt iſt, ſo erſcheint die Betrachtung
ſubjectiver Zuſtände für die Auffindung der Principien der
Aeſthetik wenigſtens als Umweg. Dies wäre aber der ge-
ringere Nachtheil, wenn nicht zugleich die Gefahr nahe läge,
durch eine ſolche Betrachtung auf Abwege zu gerathen. Das
objective Verhältniß bleibt offenbar daſſelbe und das Subject kann an demſelben nichts ändern. Man könnte daher
wohl eher von Vorſchriften für das Subject reden hinſichtlich
ſeiner richtigen Auffaſſung, aber es kann nicht umgekehrt aus
der ſubjectiven Wirkung eine Vorſchrift für das Object her-
vorgehen. Vielmehr bilden objective Verhältniſſe allein den
feſten Grund und Boden, auf dem man weiter bauen kann,
ohne der Gefahr ſich auszuſetzen, daß der ganz Bau in
Trümmer ſinke, und ſoll die Aeſthetik eine Wiſſenſchaft ſein,
ſo muß ſie ſolche objective Ausgangspuncte haben. Sind die
objectiven Verhältniſſe zur deutlichen Vorſtellung gebracht,
ſo kann auch dieſelbe Wirkung von demſelben Objecte in dem
Betrachter ſich einſtellen; ſollen dagegen die Gefühle, welche

---

*) Zimmermann, Geſch. der Aeſth. p. 777.

in verschiedener Art und in verschiedenem Grade den Betrachter des schönen Objectes begleiten, auf die Auffassung
des Schönen einen Einfluß üben dürfen, so leidet das Object unter der Willkür des Subjectes. Auch sucht Niemand
den Freund im Spiegel zu erkennen, wenn er leibhaftig
hinter ihm steht. — Sicherlich würde aber bei diesem Verfahren die Methode an Festigkeit des Ausganges und Si-
cherheit des Fortschrittes verlieren, welche nur dann verbürgt
sind, wenn man vom Bekannten auf das Unbekannte übergeht, und zwar in der Weise, daß das Neue, Gefundene
mit dem Alten, Bekannten in einem geschlossenen Verbande
ist. Als Erkenntnißprincip dienen hier die Urtheile, welche
eine absolute Werthschätzung ausdrücken, Realprincipien sind
die Bestimmungen des Wohlgefallens oder Mißfallens an
Objecten in ihrer einfachsten und ursprünglichsten Art. Nimmt
man nun dieses absolute Urtheil als Ausgangspunct für die
weitere Untersuchung, so tritt das Subject mit allem, was
ihm eigenthümlich ist, sogleich zurück.

VII.

Ausgehend von der theoretischen Betrachtung und praktischen Werthschätzung als zwei verschiedene Weisen der Thätigkeit des menschlichen Geistes konnten wir nur durch die letztere den ästhetischen Werth begründen. Die erstere interessirt ein Seiendes, die letztere das Zusammen mehrerer im Verhältniß stehender Seiender oder deren Bilder; durch jenes erweiterten wir unsere Erkenntniß, durch diese weckten wir das Urtheil. Aus der Darlegung der Art und Weise, wie das Subject des Urtheils beschaffen sei, ergab sich eine Zusammensetzung desselben aus wenigstens zwei Gliedern, welche, um das Urtheil anzuregen, in einem gewissen Verhältnisse zu einander stehen. Nicht durch die einzelnen Glieder selbst, sondern lediglich durch das Zusammen derselben entstand die Anregung für das Urtheil, d. h. nicht das Was, sondern das Wie war für die Begründung des ästhetischen Werthes das Wesentliche. Nennen wir das Erstere den Stoff, das Letztere die Form, so ist es diese allein, aus der unser Wohlgefallen am Schönen und sein eigener Werth entspringt. Aber in jenen Verhältnissen zeigte sich die Form nur in der einfachsten und primitivsten Art und war eher dazu angethan, um die ästhetischen Ideen für eine weitere Ableitung nicht in verworrener und verwischter, sondern in deutlicher und leserlicher Schrift erkennen zu können, aus denen jene Nor-

men fließen, welche unser Urtheil bestimmen und den schaf=
fenden Künstler beherrschen.

Wie man sieht, ist zur Feststellung des Satzes, daß das
Schöne einzig auf der Form beruhe, vor allem nöthig, daß
das Augenmerk nicht auf das Was, sondern auf das Wie
des Zusammen mehrerer Glieder (mögen sie als seiend gedacht
werden oder als bloße Bilder) zu richten sei. Dadurch gewinnt
die Wissenschaft vom Schönen zugleich selbst einen objectiven
Grund und Boden und die Untersuchung einen sicheren Fort=
gang. Stoff, oder das an sich gleichgiltige und werthlose
Was kam allenthalben in doppelter Beziehung in Betracht,
einmal als Glied eines Verhältnisses und dann insofern er
Object des Künstlers ist. Die erstere Betrachtung hat ein
ästhetisches, die letztere ein kunsthistorisches Interesse.

Aus der geschichtlichen Erörterung ging zur Genüge
hervor, daß die Begriffe „Stoff" und „Form" weder in
diesem noch überhaupt in demselben Sinne immer festgehalten
worden sind. Bald wurde der Stoff als etwas angegeben,
welches an sich nicht mehr völlig gleichgiltig war, bald die
Form in eine solche Mißgestalt verwandelt, daß an ihr nichts
Werthvolles mehr zu finden war, und man kann in dieser
Beziehung sagen: aus dem, was man häufig Form nennt
und genannt hat, kann freilich weder ein ästhetischer Werth
noch eine Wissenschaft vom Schönen sich entwickeln. Dazu
kam der Umstand, daß man seit Fichte die Begriffe keines=
wegs in objectiver Weise und mit unbefangenem Blicke in's
Auge faßte, sondern an die schon gewonnenen Begriffe der
theoretischen Weltanschauung anknüpfend, eine festgeschlos=
sene Verbindung mit derselben herzustellen bemüht war. Die
Begriffe des Stoffes und der Form erhielten nun innerhalb des

Syftemes eine solche Bedeutung, daß auf der Wagschale des
Werthes die Form bald stieg, bald sank, und was sie an Werth
verlor, wurde nun dem gleichgiltigen Stoffe zugeschrieben, aber
damit es die Leute nicht erkennen, wurde der letztere mit
ehrfurchtsvollen und hochtönenden Namen belegt. So erhiel=
ten wir Geist, Absolutes, Idee, Gehalt. Für die Form aber
waren die Winkelmann'schen Forschungen von der größten,
wenn auch unbewußten Bedeutung, wie es scheint, schon für
Fichte, der uns durch das Bild der Seele und des Leibes
verräth, daß es plastische Formen vorzugsweise seien, die
er bei dem Begriffe „Form" überhaupt im Ange hatte,
ohne zu beachten, daß sich gerade an dieser Kunst die größte
Aehnlichkeit mit der empirischen Erscheinung und der zu
Grunde liegenden Realität nachweisen läßt und die Untersu=
chung über den Werth in eine Untersuchung des Wesens,
d. h. die praktische Werthschätzung in das Fahrwasser der
theoretischen Betrachtung hineingeräth, wozu das Vorbild
eines Intervalles in der Musik schwerlich geführt haben
würde. Der zweite verschiedennamige Factor, welcher zur
Bestimmung des Werthes des Schönen verlangt wurde, hatte
beides in sich, das Gleichgiltige und Werthvolle. Leider war
das Werthvolle in den seltensten Fällen specifisch ästhetisch
und das Gleichgiltige daran gar nicht werthvoll. Aber diese
Begriffsvermischung dauert noch fort und hat durch die lange
Gewohnheit feste Wurzeln geschlagen. Statt Geist oder Idee
ist der Name Gehalt am üblichsten geworden, eine Aende=
rung, die freilich mehr im Ausdrucke als in der Sache liegt.

Nachdem aber das Gleichgiltige und Werthvolle — jenes
von dem Stoffe, dieses von der Form herrührend — in
seinem Unterschiede aufgezeigt und eine Anwendung dieser

Begriffe auf das Kunst= und Naturschöne versucht worden
ist, kann der Abhandlung von Bischer „Ueber das Ver=
hältniß von Inhalt und Form in der Kunst"*) gedacht wer=
den, der dieselbe Frage von seinem, d. h. dem modificirten
Hegel'schen Standpuncte aus in Erörterung zieht. Der Ernst
dieses Mannes und die Berühmtheit seines Namens recht=
fertigt es, daß wir seine Anschauung in einem besonderen Ab=
schnitte besprechen, nachdem wir eine Strecke Weges zurückgelegt
haben; gleichviel übrigens, ob wir ihm beistimmen oder nicht.

Auch ihm ist es in dieser Abhandlung darum zu thun, den
ästhetischen Werth (und zwar zunächst eines Kunstwerks) zu
begründen; auch für ihn bieten sich dazu als Ausgangspuncte
das Was und das Wie des Kunstwerkes. Das erste nennt
er gleich im Eingange Gehalt, das zweite Form, indem
entweder die versinnlichten Ideen oder die Erscheinung in's
Auge gefaßt würden. Das Ziel, welches er dabei immer fest=
hält, um den Werth zu begründen, ist weder Gehalt noch
Form, sondern eine Einheit beider. In dieser wird also der
Schwerpunct der ganzen Abhandlung ruhen. Woher kommen
ihm aber Gehalt und Form als einzelne in die Betrachtung? Ist
vielleicht der Einfluß Winkelmann's genannt? oder die Quelle
bei Fichte? oder der durch Schelling und Hegel veränderte idea=
listische Standpunct? Von alledem ist aber nichts zu finden.
Vielmehr werden uns zuerst historische Erscheinungen vorge=
führt, damit wir glauben sollen, es werde durch deren Zu=
sammenfassung Uebersicht und Einsicht zugleich errungen (als
könnte überhaupt eine historische Darlegung die Begründung

---

*) Extra=Abdruck aus der Monatsschrift des wissenschaftlichen Vereins
in Zürich. 1858.

der Begriffe selbst ersetzen). So habe man während der Herrschaft der Hegel'schen Philosophie geglaubt, das Gewicht des Inhalts könne allein den Werth eines Kunstwerkes bestimmen und seine Schätzung sei eine vollkommene, wenn man die Summe von Ideen, die es enthielt, blosgelegt hätte. Auf gleiche Weise hätte in der Zeit der politischen Bewegung die veränderte Stimmung als eine neue Form des stoffartigen Verhaltens auf die Kunst sich übertragen und der Gehalt auf diese Weise sich als politischer Gedanke geltend gemacht. Nachdem aber nach der Revolution über die Enttäuschung ein Jeder den Glauben an die Ideen fast verloren hätte, hätte man sich auf den formalistischen Standpunct geworfen. Dies sind also die zwei historisch nachgewiesenen Factoren — wie man sieht, sehr neueren Datums — durch deren Zusammenfassung er die Begründung des Werthes des Kunstschönen am besten vorbereitet zu haben glaubt.

Während aber der erstere Factor, der Gehalt, nur kurz erwähnt ist, knüpft er an den zweiten eine längere Kritik und sucht ihn mit dem Materialismus zu parallelisiren. Was den letzteren Punct anbelangt, geht er so weit, den Formalismus in der Kunsttheorie als eine Art Materialismus zu bezeichnen*), wenn er auch begütigend hinzufügt: der ästhetische Formalismus sei ihm durchaus analog. Wir müssen uns wundern, wie Vischer dieses große Kunststück herausgebracht hat. In der That ist es ein Kunststück, wenn auch kein großes. Weil nämlich die Formen am körperlichen Stoffe sich finden (wobei man am füglichsten an plastische Formen denken kann) und weil andererseits die Formen zur Bestim-

---

*) p. 4.

mung des Wesens des Schönen verwendet werden (denn der
Kunstformalist erkläre ja die künstlerisch technische Behand-
lung für das Wesen der Kunst), so müsse, schließt Vischer,
der Formalismus ein ästhetischer Materialismus sein. Dieser
Schlußsatz hat zum Subject das Subject der Prämissen, zum
Prädicat die Prädicate beider Prämissen (statt ästhetischer
Materialismus hätte er ebenso schlecht sagen können: mate-
rialistische Aesthetik) und gleicht jenem Schlusse des Sophi-
sten in Platons Euthydem auf's Haar, welcher sagt: der
Hund ist dein, der Hund ist Vater: also ist der Hund dein
Vater. Aus der Art aber, wie er den Materialismus zu
widerlegen sucht, ersieht man, daß der Angelpunct zur Begründung des ästhetischen Werthes auch schon in der Metaphysik seine Bedeutung hat, und daß nur die Anwendung
eine verschiedene ist. Der Materialismus hätte nämlich die
alte Trivialität entdeckt, daß Form und Stoff untrennbar
Eines seien. Aber da die Materialisten keine dialectische
Uebung des Denkens besäßen, um die Begriffe in einander
„umspringen"*) zu machen, hätten sie, statt zu sagen: es
gibt nur eine Einheit von Stoff und Form, ausgerufen:
es gibt nur Stoff mit der anhängenden Eigenschaft, Form
zu haben. Die Wahrheit sei vielmehr die, daß es ebensowenig eine Materie als eine Form gibt, sondern nur eine
Einheit beider. Also das, was ist, ist weder Materie noch
Form. Die Materie ist es nicht, denn sie ist nicht absolut
setzbar ohne Form, und die Form ist es nicht, denn sie ist
nicht absolut setzbar ohne Materie. Was aber nicht absolut
setzbar ist, ist überhaupt nicht. Also ist weder Materie noch

---

*) p. 24.

Form. Aber wie kommen sie doch dazu, im Zusammen etwas zu sein, da sie an sich nichts sind? Sind sie vielleicht erst in Vischer's Kopfe etwas geworden? Es ist in der That nicht anders und Vischer steht in dieser Hinsicht nicht allein. Etwas anderes nämlich ist es, wenn wir von dem Dinge an sich reden und wieder etwas anderes, wenn wir von unserer Auffassung des Dinges reden. Die letztere bringt relative Merkmale herbei, die dem Dinge selbst gar nicht angehören. Aber statt nun zu sagen: die Einheit ist ein Beziehungsbegriff zwischen Materie und Form, der von unserer Auffassung herrührt, sagt er: sie ist das ursprüngliche, eigentliche Seiende, von dem beide abstammen. Es fehlt ihm also trotz der alten (Hegel'schen) Trivialität die Einsicht, daß die relativen, in Folge unserer Auffassung hinzugetretenen Merkmale nicht absolute des Dinges selbst seien. Dem Materialismus aber gibt man durch eine solche angebliche Widerlegung mehr Waffen in die Hand, als man ihm entwindet*).

Nach diesem Präludium folgt Vischer's Kritik des Formalismus**). „Wie der Materialist den Stoff, so erklärt denn der Kunstformalist die sinnliche Erscheinung des Inhaltes im Kunstwerk für das ganze Wesen desselben." Dadurch ist nun ein Merkmal mit herbeigezogen, welches streng genommen gar nicht dazu gehört, dagegen für uns den Anschein erweckt, als kämpfe Vischer mit einem Schatten. Also die sinnliche Erscheinung muß da sein, um über den ästhe-

---

*) Ueber das Verhältniß des Materialismus zur Philosophie vgl. die Abhandlung von Cornelius „Ueber die Wechselwirkung zwischen Leib und Seele" in der Zeitschr. f. exacte Philosophie IV. Bd. 2. H. p. 97 f.
**) p. 7 f.

tischen Werth zu entscheiden! Der letztere kann nicht be=
gründet werden durch bloße Bilder, die, zur deutlichen Vor=
stellung gebracht, ein Wohlgefallen von absoluter Geltung
erwecken, sondern wie er den Materialisten zu Tiegel und
Retorte beordert, so glaubt er den Formalisten vor Holz
und Stein stellen zu können! Was ist denn das für eine
Form, die er da im Sinne hat? Die Form ist „das Aeu=
ßere eines Inneren, richtiger (d. h. Hegel'scher) das Aeu=
ßere mit seinem Inneren, die Einheit des Inneren und Aeu=
ßeren, von der Seite des Aeußeren betrachtet." Dies ist
eben die alte metaphysische Einheit, die dem Hegelianer zur
festgewachsenen angewohnten Vorstellung wird und in der
Metaphysik als das hohe Roß, welches die Welt trägt, er=
scheint, im Gebiete des Schönen aber als das Steckenpferd,
mit dem man spielt. Doch um zu sehen, was dieses gegen
den Formalismus vorgebrachte Argument näher besagen will,
müssen wir auf das Beispiel achten, welches er gibt. Daran
erkennen wir, daß ihm ein ganz bestimmtes Kunstwerk vor=
geschwebt habe, dessen Formen nun für alle anderen maß=
gebend sein sollen. „Wenn z. B. Jemand einen Charakter,
eine Stimmung heuchelt, affectirt, so nimmt er Formen an,
welche ursprünglich nur durch jenen Charakter, Stimmung
geschaffen sind, er trennt sie von diesem ihrem ursprünglichen
Zusammenhang." Es waren also plastische Formen gemeint,
wie es schon die Definition, Form sei Aeußeres eines In=
neren, andeutet, welche in diesem Sinne auf Musik und
Poesie nicht recht passen will. Daher sei das, was wir so
nennen, von seinem Inhalte relativ trennbar, und wir
sprächen bei dieser relativen Trennung von „bloßer Form."
Aber dies, daß die Form relativ trennbar sei von ihrem

Inhalte, kann doch wohl nichts anderes heißen, als die
Trennung kann in unserer Auffassung stattfinden und inso=
fern ist die bloße Form, als relativ trennbar, doch auch
keine Einheit des Aeußeren und Inneren, von der Seite
des Aeußeren betrachtet. Und dann ist das Merkmal, welches
die leeren Formen erhalten, wenn man sie diejenigen nennt,
welche keinen Geist haben, eigentlich keines. Doch hier er=
scheint ein Behelf: die leeren Formen sollen diejenigen sein,
welche wenigstens einen Schimmer, eine Reminiscenz ihrer
ursprünglichen Inhaltsfülle bewahren. Er scheint ganz über=
gangen zu haben, daß er dabei allen Grund des Werthes dem
Geiste, nicht der Einheit des Geistes und der Materie zu=
schreibt. Wie sollen nun Poesie und Musik bei diesem Be=
griffe von Form abgefunden werden? Was die erstere be=
trifft, so meint er, sie gebe ihrem Behikel, dem Wort, von
dem man keinen Augenblick zweifeln könne, daß es das Aeu=
ßere eines Inneren, daß es Bild des Gedankens sei, den
Ausdruck eines höheren geistigen Lebens. Hier muß also das
Wort als das eigentliche poetische Element auftreten, um
das Aeußere eines Inneren auf die Poesie anwenden zu
können, und für die Begründung des Werthes genügen nicht
Gedankenverhältnisse, welche unmittelbar unser Wohlgefallen
erregen, sondern diese Gedanken müssen allererst mitgetheilt,
sie müssen mit den musikalischen und rhythmischen Elemen=
ten der Sprache verbunden und auf diese Weise ein recht
Complicirtes geschaffen werden, um das Einfache zu er=
klären. — Was nun die Musik angeht, so ist wohl begreif=
lich, wenn die Gefühle, welche diese holdeste Schwester der
Musen in uns erweckt und eine eigenthümliche Geistersprache
für denjenigen spricht, der ein Herz im Leibe hat, immer

und immer wieder in's Mitleid gezogen werden; zur Be=
gründung des ästhetischen Werthes tragen sie nichts bei. Oder
glaubt man, die Musik verliere etwas dabei und bringe nicht
dieselben Wirkungen in uns hervor, welche mit so gewaltigem
Zauber uns erwärmen, wenn unser ruhiges Nachdenken uns
nur bestimmte Formen angeben kann, welche den ästhetisch=
musikalischen Werth begründen? Aber wenn man dies zugeben
wollte, wo bliebe dann der Gehalt, den doch ein musikali=
sches Werk auch haben müßte? Der Werth der Formen
selbst wird nicht dafür anerkannt und Worte hat die Musik
gar nicht, deren Hineindeutung, wo dieselbe versucht worden
ist, auch von Vischer nicht in Schutz genommen wird. Es
bleibt wiederum nichts anderes übrig, als das Gefühl, d. h.
die Wirkung musikalischer Formen, sowohl auf den Zuhörer
als den schaffenden Künstler. So steht denn auch Vischer
auf dem Standpuncte der musikalischen Gefühlsästhetik, aber
nicht deshalb, weil er glaubt, daß die musikalischen Formen
in uns Gefühle erwecken — das müssen wir ja alle erfah=
ren —, sondern weil er glaubt, der Gefühlsausdruck sei
wesentlich, um den ästhetischen Werth in der Musik zu be=
gründen, als müßten die musikalischen Formen erst angewandt
werden, um schön zu sein, nicht umgekehrt wäre die Schön=
heit der Grund der Anwendung. Wenn das objective Schöne
in Formen besteht und nun die Frage aufgeworfen wird,
was denn dasjenige sei, welches der musikalische Künstler
darstelle, so hat es einen ganz guten Sinn, zu sagen: es
würden Formen dargestellt. Mit seinem Begriffe von Form
ist es dagegen Vischern wohl nicht anders möglich, als diesen
Satz zu ironisiren und zu sagen: „Die Musik stellt ihre
Darstellung dar, d. h. sie gibt Nichts, um durch dieses

Nichts Nichts zu geben." Die Vischer'sche Form ist an sich
Nichts und wer sie darstellt, stellt das Nichts durch Nichts
dar, weil diese Formen zugleich als Darstellungsmittel an=
gesehen werden. Wir müssen also zum Gefühl gehen, um
für die Musik einen festen Grund und Boden gewinnen zu
können. Die Musik soll Gefühle „ausdrücken", nicht die Be=
wegungen, welche die Gefühle begleiten, in zeitlicher Form
uns vor Augen führen. Faßt man den letzteren Punct in's
Auge, so hat der Satz jedenfalls eine größere Allgemeinheit,
nämlich die Musik stellt Bewegungen dar, von denen die
Bewegungen in den Gefühlen ein specieller Fall sind. Für
die letztere Fassung hat Vischer keinen Sinn: er läßt unter
den Bewegungen nur Gefühlsbewegungen gelten und dazu
gelangt er durch folgenden Schluß: „Weil alles Musikalische
dynamisch ist, so ist die Musik recht eigentlich die Kunst des
Gefühls, denn das Gefühl setzt jeden Inhalt in eine Dy=
namik von Reizungsverhältnissen um." In die schulgerechte
logische Form umgesetzt, wird die Sache so lauten: alles
Musikalische ist dynamisch, das Gefühl ist dynamisch: ergo
ist die Musik (hinsichtlich des Inhaltes) Gefühl; oder mit
anderen Worten: x ist ein Buchstabe, u ist ein Buchstabe:
also ist das x ein u. Dies ist ein echter Hegel'scher Schluß
und Vischer hat sich in dem Netze selber gefangen, welches
er mit Hegel'schem Garne gesponnen*). Was den „Grundcha=
rakter" betrifft, in welchem derselbe Inhalt derselbe bleiben

---

*) Ueber fehlerhafte Schlüsse nach der zweiten Figur mit affirma=
tiven Prämissen innerhalb des Hegel'schen Systemes s. Tren=
delenburg, Logische Untersuchungen, 2. Aufl. I. p. 105;
Schopenhauer, die beiden Grundprobleme der Ethik, in der
Vorrede zur ersten Aufl. p. XXII. Vgl. auch oben p. 31.

soll, wenn auch in jedem Zuhörer die musikalisch dargestellte concrete Stimmung anders anklingt, so ist es eine leere Versicherung, wenn er durch dieses unbestimmt gelassene Wort dem Inhalte selbst eine größere Bestimmtheit glaubt geben zu können, und dann muß erst noch die Frage aufgeworfen werden, ob man wohl, wenn man diesen Grundcharakter und seine specifischen Merkmale auf das genaueste kennen würde, deshalb das Mindeste über den ästhetischen Werth entschieden haben würde, oder nicht vielmehr die Arbeit abermals beginnen müßte?

Man ersieht aus diesen Argumenten, daß der richtige Formalismus nur in der Musik angegriffen worden ist; in allen übrigen Künsten aber ist es nur ein Schattenbild des Formalismus, gegen das er ankämpft, und indem der schon aus dem Früheren bekannte räumlich plastische Begriff von Form auf alle anderen Künste übertragen wird, hat er sich doch trotz der stolzen Versicherung, er habe die Widerlegung mit einiger Schärfe durchgeführt, das „Nest von Confusion" auf diese Weise selber geschaffen. Wir kommen nun auf den zweiten Theil seiner Schrift, in welchem die Streitfrage von seinem Standpuncte aus behandelt wird*). Es wird willig anerkannt, daß Kant ein= für allemal festgestellt habe, im ästhetischen Gebiete handle es sich überall nur darum, wie der Gegenstand aussieht, erscheint, nicht um seine inneren, stoffartigen Qualitäten, und das ästhetische Wohlgefallen des Zuschauers müsse ein interesseloses sein. Aber das vergäßen sehr Viele, daß in der Form selbst eben die innere physische Bildungskraft, der geistige Gehalt mit ihrer Qualität aus=

---

*) p. 13 f.

gesprochen sind, daß das erscheinende Sinnliche gerade bis auf diese Linie in den Raum hineingetrieben wird, gerade so und so gefärbt ist, sich bewegt, handelt, weil es der so und so bestimmten Lebenskraft entquollen, von dem so und so bestimmten Geist erfüllt, geführt ist, daß der Künstler mit der Innigkeit des Gemüthes und Intensität des Geistes in die Idee sich hineingelebt haben muß, die er darstellt. Wenn irgendwo, so gelte daher hier die Bedeutung, in welcher Hegel den Terminus Aufheben gern gebraucht habe; so nämlich, daß es sowohl den Begriff des conservare als den des tollere in sich enthalte. Der Gehalt sei im Schönen in die reine Form aufgehoben, aber nur in dem Sinn, daß er nicht mehr in seiner Getrenntheit, in seiner Besonderheit wahrgenommen wird, er sei als solcher nicht mehr da, nur weil er ganz in die Form übergetreten sei. Es ist also weder die Form noch der Gehalt an sich, welche den ästhetischen Werth begründen, — wer dies thut, steht für Vischer auf einem einseitigen Standpuncte und ist gar nicht im Staude, das Aesthetische in seiner vollen Bedeutung zu erfassen, — sondern die Einheit beider, welche das letzte entscheidende Wort hinsichtlich des ästhetischen Werthes zu sprechen hat. Die Einheit soll also, wie schon oben darauf hingedeutet wurde, auf dem Gebiete des Seienden in gleicher Weise wie auf dem des Seinsollenden die Wurzel sein, auf welche unsere theoretische Erkenntniß und praktische Werthschätzung führen. Die Form ist nichts anderes als an und mit dem Stoffe und der Stoff ist nichts anderes als geformter; den Stoff setzen und ihn als geformt setzen, ist eins, und diese Einheit bildet den Grundstock für die Beurtheilung, aus welchem sich ebenso über die wohlgefällige Form als über den werth=

vollen Stoff unfer Urtheil entwickelt. Wenn wir nun den
Satz: „das Stoffartige ist in die Form aufgegangen, aber
es ist nicht gleichgiltig, was aufgegangen ist"*), in
Erwägung ziehen, namentlich feinen letzten Theil näher in's
Ange faſſen, ſo verträgt ſich zunächſt dieſer Ausſpruch ſchwer
mit dem obigen, welcher, von Kant herrührend, als wahr
anerkannt wurde, nämlich daß es ſich im äſthetiſchen Gebiet
überall nur darum haudle, wie der Gegenſtand ausſehe.
Aber dieſen Widerſpruch dürfen wir Viſchern deshalb nicht
vorhalten, weil er für ihn gar nicht vorhanden ist, denn er
würde uns höchſtens ſagen, die Einheit ſtelle ſich jedesmal
nur von einer anderen Seite dar. Daraus erkennt man, daß
die Hegel'ſche Einheit nicht blos den Blick der Ueberlegen=
heit verſchafft, um im ſtolzen Selbſtbewußtſein alle anderen
Anſichten als Momente ſich zu reſerviren, ſondern anch den
Blick des Kurzſichtigen gewährt, der den Widerſpruch nicht
bemerkt, daß der äſthetiſche Werth einmal davon abhängt,
wie etwas erſcheint, und ein andermal wiederum, nicht
wie es erſcheint.

Faſſen wir nun die Sache in ihrem Urſprunge auf,
wie ſie Viſchern ohne Zweifel beſchäftigt haben muß, ſo
treffen wir zunächſt die Frage an: warum iſt etwas äſthetiſch
werthvoll? Hierbei verſteht es ſich von ſelbſt, daß dieſer
Werth von keiner relativen Schätzung abhängen darf, ſon=
dern in ganz abſoluter Weiſe ſeine Entſcheidung finden muß.
Geſetzt nun, Viſcher habe, um jene Frage beantworten zu
können, dabei gleich ein fertiges Kunſtwerk vor Angen, z. B.
den Jupiter von Phidias (zu welcher Vermuthung wir einen

---

*) p. 14.

Grund haben, da er mit dem Seienden beginnt und aus diesem das Seinsollende entwickelt), so lautet seine Antwort: weil es diese und diese Form und weil es diesen und diesen Gehalt hat. Aber bei Form und Gehalt, wenn dies den Kern der Antwort bilden soll, müssen wir die Frage wiederholen, warum die Form oder warum der Gehalt werthvoll sei. Daraus ersieht man aber, daß die Antwort eigentlich noch keine Antwort ist, sondern nur eine versteckte Frage, und sagen: dieses Kunstwerk ist deshalb werthvoll, weil es Form und Gehalt enthält, heißt nichts anderes, als: dieses Kunstwerk ist deshalb werthvoll, weil es werthvoll ist. Oder rettet uns vielleicht die Einheit aus dem Banne dieses Cirkels? Ist das Kunstwerk deshalb werthvoll, weil die zwei, die Form und der Gehalt, zusammen eins sind? Nicht erlaubt ist dabei zu sagen: eine rechte, passende, schöne Einheit; denn dadurch gerathen wir in den früheren Cirkel: werthvoll ist dasjenige, welches passend und recht und schön ist, d. h. eben was werthvoll ist. Wenn man die Sache ganz allgemein faßt, so wird wohl kein Mensch glauben, daß Etwas, was als solches eins ist, für unsere Auffassung aber in zwei Seiten sich spaltet, deshalb weil es so ist, auch schon werthvoll ist, und daß das Kunstwerk, ebenfalls ein solches Eins, mit denselben Merkmalen, eben deshalb werthvoll sei. Da es hierbei lediglich als ein Seiendes behandelt wird, in der zweifachen Hinsicht: an sich und für unsere Auffassung, so sind wir dadurch gänzlich in eine metaphysische Betrachtung hineingerathen und jene ästhetische Frage, warum etwas werthvoll sei, bleibt unterdessen ruhig liegen. Nur dies geht aus dem Bisherigen unzweifelhaft hervor, daß jedes Was oder jeder Stoff, deshalb weil er ein Seiendes ist, die Un-

terfuchung über den Werth nicht von der Stelle führt, und
so lange man statt des Wie, welches die Frage im Auge
hat, nur immer wieder mit einem Was in der Antwort
kommt, wird man immer die Frage selbst offen lassen. Man
könnte daher auf die Frage, warum etwas werthvoll sei,
auf gut hegelianisch antworten: „es ist so" (Worte, die Hegel
selbst einst bei einer gewissen Gelegenheit*) gesprochen hat).
Diese Weisheit ist nun freilich nicht gar groß, und dabei
ist überall gar nicht abzusehen, auf welche Weise denn der
ästhetische Werth begründet sei und ob nicht jetzt erst die
Frage von neuem mit ihrem ganzen Gewichte wieder auf=
trete. Freilich könnte Jemand, erbittert darüber, daß aller
Stoff oder alles Was als ästhetisch werthlos hingestellt wurde,
ausrufen: Also ist ein tiefsinniger, schlagender Gedanke, der
in einem Göthe'schen Gedichte durchgeführt wird, an sich
als Stoff ebenso gleichgiltig, als der eines Schwätzers aus
dem ersten besten Dutzend von Menschen? Also ist die wo=
gende Empfindung des tieffühlenden Mozart zwischen der
starren Nothwendigkeit und der Hoffnung des freudigen Her=
zens, wie sie sich in seiner herrlichen A-moll-Sonate wider=
spiegelt, an sich ebensoviel werth, als das schale Sonntags=
gefühl eines geputzten Frauenzimmers, mit seiner uns zur
Verzweiflung bringenden Monotonie, wie es in einer ge=
wissen Campanella in As-dur und in vielen ähnlichen Mach=
werken mit seinem widerlichen Klingklang die Ohren bela=
gert? — Es ist vollkommen richtig, daß das eine neben dem
anderen von den genannten Beispielen gefalle und einen
Werth dadurch erlange, aber das Ansich steht nur zum Wort=
gepränge dabei, denn man hatte in der That nicht mehr das
einzelne als einzelnes vor Augen, sondern das eine im still=

---

*) Hegel's Leben von Rosenkranz p. 44.

schweigenden Vergleich mit dem anderen, oder das eine als Glied eines Verhältnisses und dieses gefällt uns durch seine Vollkommenheit. Und nun hat jene Frage, warum etwas ästhetisch werthvoll sei, eine Antwort zu erwarten, welches auf die Vischer'sche Weise unmöglich wurde; die nämlich, weil es als Glied eines Verhältnisses durch eine in ihm selbst liegende Idee (hier die Vollkommenheit) in absoluter Weise unser Wohlgefallen erweckt. Dann ist es aber auch nicht mehr das einfache Was, welches der Grund des Wohlgefallens ist, sondern das Wie des Zusammen mehrerer, wenigstens zweier Glieder, und nennt man diese Art des Zusammenseins selbstständig bleibender Glieder Form, so kann unser Wohlgefallen nur auf der Form beruhen und die Aesthetik nur Formwissenschaft sein. Was dagegen Vischer Form nennt, sind dem wirklichen plastischen Kunstwerke entlehnte Vorstellungen, die auf die ganze Aesthetik angewandt, für sich allein weder ihm noch uns ein großes Wohlgefallen erregen können. Ganz seltsam fällt dies, wie oben gezeigt wurde, bei der Poesie aus, bei welcher man, der angewöhnten Vorstellung von Form zu Liebe, das eigentliche Element dieser Kunst erst verlassen mußte, um es zu besitzen.

Unsere Formen haben auch Gehalt, aber dieser ist nichts anderes, als der Werth, den unser Urtheil auf absolute Weise ausspricht. Der Vischer'sche Gehalt ist aber bald Stoff oder Inhalt, bald Werth. Wenn er sagt: „das Gute wird in der Kunst schön, das Schlechte, Böse häßlich, und wenn wir etwas ernstlich schön oder häßlich nennen, so haben wir es stillschweigend auch gut oder übel genannt", — so ist der Gehalt damit zwar als Werth hingestellt, aber nur als ethischer, nicht als specifisch ästhetischer. Das Urtheil aber, wo

es sich anch immer in absoluter Weise geltend macht, fragt
nicht erst, ob es Willen seien, die da beurtheilt werden oder
ob der aus Willensverhältnissen entsprungene Werth in den
anderen Verhältnissen als Werthmesser berücksichtigt sei, son=
dern bei welchen Gliedern immer es sich aufgefordert fühlt,
entscheidet es über den Werth. Vischer wird aber noch strenger
in seinen ethischen Anforderungen und fährt fort*): „Wo
aber Schlechtes, Unmoralisches, das der Dichter billigt, in=
nerlich sich in die flüchtig täuschende Form kleidet, da wird
der verkehrte Inhalt sich am allermeisten im Schluß verra=
then, er wird ein Mißklang sein, er wird uns nicht beruhigt,
nicht versöhnt lassen." Darauf müssen wir nun freilich wie
eingeschüchtert sagen: das ist richtig! Nur können wir dabei
die Bemerkung nicht unterdrücken, daß dann nicht unser
ästhetisches, sondern ethisches Urtheil rege war, weil unser
sittliches Gefühl verletzt wurde. Doch diese Strenge war nicht
gar so ernst gemeint; auf p. 18 heißt es, als sollten wir da=
durch beruhigt werden: „Die Idee, welche sich in die For=
men des Kunstwerkes ergießt, soll eine sittliche Wahrheit
sein. Den Begriff des Sittlichen fassen wir hier natürlich
in solcher Weite, daß er keine falsche Strenge gegen die
Sphären unschuldiger, gesunder Lebensfreudigkeit einschließt,
welche ja auch für sich mit Fug und Recht als bestimmender
Inhalt unzähliger Kunstwerke auftreten", — d. h. mit an=
deren Worten, zum Behufe der ästhetischen Freude muß eine
laxe Moral statuirt werden, damit sie nicht bei so vielen
Werken der Kunst auf ganz unbequeme Weise mit einem
Verdammungsurtheile daher komme. Indessen hat die Aesthetik

---

*) p. 15.

so gut ihre eigenen Normen, wie die Ethik und die letztere darf weder lax werden, um dem ästhetischen Urtheile Erleichterung zu verschaffen, noch die Aesthetik sich auf eine strenge Ethik stützen, um dem Urtheile Gewicht zu geben. Vischer steht in dieser Hinsicht nicht allein. Viele glauben sogar über ästhetische Dinge tief und wahr zu sprechen, wenn sie mit moralischem Ernste auftreten. Alle Achtung vor diesem moralischen Ernste, aber ästhetischen Werth besitzt er nicht!

So lange zum Gehalte der ethische Werth gerechnet wurde, hatte man unzweifelhaft ein Recht dazu, den stofflichen Factor als nicht gleichgiltig zu bezeichnen, wenn auch dieser Werth nicht auf specifisch ästhetischem Felde erwachsen war. Je eingehender aber die Untersuchung über den Grund des ästhetischen Werthes bei einem einzelnen der das Schöne constituirenden Factoren verfolgt wird, desto mehr scheint freilich jene Einheit als die Wurzel verlassen und die Consequenz geopfert zu sein. Es ist eben, als wollte die Frage nach dem Grunde des Werthes auf selbstständigem Wege, abgesehen von jener durch Hegel gegebenen Vermischung des Seienden und Seinsollenden innerhalb des Systemes, ihre Lösung finden und als wollten die von dem Meister gebotenen Contouren das durch eigene Forschung entstandene Bild nicht mehr fassen. Die directe Anknüpfung an den ethischen Werth, um den ästhetischen zu stützen, zeigte uns zwar eine Antwort, welche einen Werth angab, wenn auch nicht eine richtige. Die Frage nach dem inneren Werthe des Gehaltes, mit dem der Werth des Kunstwerkes steigen oder fallen soll, soll sich aber noch entschiedener, als bei jeder der bisherigen Wendungen dadurch beantworten lassen, daß man, den Dignitätsunterschied der Zweige einer bestimmten Kunst in's Auge

faſſend, den inneren Werth des Gehaltes angibt als „die
Bedeutung, die der Gegenſtand anſpricht nach der Stelle,
welche ihm in den großen Hauptgebieten des Lebens zukommt.“
Das klingt wohl ſehr großartig, aber in der Nähe betrachtet,
ſieht es mehr wie ein Schreckmittel aus. Er denkt dabei
vielleicht an das religiöſe und politiſche Leben der Völker,
an ihre Thaten und großen Charaktere, kurz an Alles, was
unſer geiſtiges Intereſſe erweckt. Aber iſt denn das, an welchem wir ein geiſtiges Intereſſe finden, ſchou äſthetiſch, ohne
nachzuſehen, wie daſſelbe beſchaffen ſein müſſe, daß es
ſich gerade als ein äſthetiſches zeige? Außerdem iſt mit dieſen
Hauptgebieten des Lebens gleich eine ſolche Maſſe des Werthvollen und Werthloſen uns in die Quere geworfen, daß es
mehr den Anſchein gewinnt, er wolle uns mit ſeinem Gehalte überrumpeln als überzeugen. Obwohl er der Malerei
hiefür die Beiſpiele entlehnt, ſo iſt doch dasjenige Element,
welches einen Dignitätsunterſchied der Zweige innerhalb
dieſer Kunſt bewirken ſoll, der Gedanke, alſo das der Poeſie
eigenthümlich angehörige Element. Ob ihn wohl die Muſik
in gleicher Weiſe auf Lebensgebiete geführt haben würde,
welche als Werthkategorien anzuſehen ſeien? Sobiel iſt gewiß, daß in der Architektur auf die Zwecke, in der Malerei
und Plaſtik auf die verſinnlichten Gedanken unſer ſtoffliches
Intereſſe gerichtet ſein kann und wir von der eigentlichen
ſchönen Geſtaltung leicht abgelenkt werden, am mannigfal-
tigſten in der Poeſie durch ihren Reichthum der Gedanken
unſer Intereſſe erweckt werden kann: in der Muſik aber treten alle dieſe beſtimmten ſtofflichen Gedanken in den Hintergrund und es erklingt nur die ſchöne Geſtaltung, um uns

die Reinheit der ästhetischen Freude in vollem Maße genießen
zu lassen.

Aus dem Bisherigen ist ersichtlich geworden, daß der
Gehalt zum Theil einen deutlich erkennbaren, zum Theil
einen verworrenen Werth in sich enthielt, und daß der deut=
lich erkennbare ein specifisch ethischer war. Es ist merkwür=
dig, daß man für den specifisch ästhetischen Werth nicht ob=
jective Kriterien zu erlangen sucht, sondern immer und immer
wieder an den schaffenden Künstler anknüpft, um aus dem
Himmel seiner Begeisterung Licht für die Wissenschaft zu
holen, als ob durch den Nachweis dessen, was in ihm ge=
schieht, uns urplötzlich vor das geistige Auge hingestellt würde,
was geschehen soll. Die Künstler selbst freilich reden von
Motiv und Vischer, um den objectiven Kriterien für den
Werth des Schönen ja keinen allzugroßen Spielraum ein=
zuräumen, fügt hinzu: da könne man leicht meinen: die Idee
sei dem Künstler nur Gelegenheit, Schönes zu entwickeln*).
Dann bliebe jene neben dem, was das Kunstwerk uns zeige,
in der unwürdigsten Stellung liegen (ist gar nicht einzusehen,
warum) und die Formenwelt, die sich vor uns entfalte, sei
entweder bedeutungslos oder sie stehle sich unter der Hand
eine zwar hinreichende und würdige Bedeutung, welche aber
von der angeblichen Idee, dem buchstäblichen Ausgangs=
puncte sich ganz unorganisch lossage. Es gewinnt den An=
schein, als wolle Vischer eine Erklärung abgeben, daß es
falsch sei, die Idee, den Stoff oder Gehalt, welche in die=
sem Falle identisch genommen werden, blos als Gelegenheit
und nicht auch als einen den inneren Werth mit bestimmen=

---

*) p. 16.

den Factor anzusehen. Aber dieser Anschein rechtfertigt sich nicht. Denn auf p. 17 sind aus der Kunstgeschichte solche Fälle aufgeführt, in denen aus einem guten Samenkorn sich schlechte Früchte entwickelten, und daraus soll für uns der Beweis von der Falschheit jenes Satzes geliefert sein. Vielmehr ersieht man daraus nur eine falsche Anwendung einer kunstgeschichtlichen Betrachtung, welche weit abliegt von jener ursprünglichen, principiell = ästhetischen Frage. Aber gesetzt auch, der Gehalt oder Stoff sei mehr als eine bloße Gelegenheit für den Künstler, Schönes zu gestalten, er durchdringe selbst das ganze Werk mit jenem Geiste, welcher seinen Werth mit repräsentirt, gewinnt man durch die Betrachtung der künstlerischen Begeisterung, welche psychologisch betrachtet, noch in großem Dunkel ist, irgend welche objective Anhaltspuncte für den Nachweis des ästhetischen Werthes? Vischer sagt*), „daß der Künstler mit der ganzen Lebendigkeit des Nerv's, der vollen Innigkeit des Gemüthes und Intensität des Geistes in den Affect und in die Idee sich hineingelebt haben muß, die er darstellt, daß hier die ganze Bedeutung des Perfectums: Vergangenheit, aber gegenwärtiges Fortwirken und Bestand der Vergangenheit, in Wirkung tritt, daß endlich der Zuschauer allerdings von jenem Interesse ganz frei sein muß, das eine Unruhe enthält, etwas zu genießen, zu thun, zu wirken, einem Sollen Folge zu geben, daß aber damit ja keine Gleichgiltigkeit gemeint ist, vielmehr eine reine Betrachtung, in welcher Herz, Wärme, Begeisterung ihre einseitige Gewalt nur darum auslöschen, weil sie zu harmonischer Stille sich sammeln." Es

---

*) p. 13.

ist die alte Fichte'sche Weise, den Geist in seinem Ursprunge, im schaffenden Künstler zu suchen und unser Ergriffensein bei der Betrachtung der Kunstwerke in Mitleidenschaft zu ziehen. Nur wird der Werth des Schönen für uns und den Künstler dabei als nachgewiesen schon vorausgesetzt, und der Umstand ganz außer Acht gelassen, daß für die Begeisterung und das Ergriffensein nicht blos psychologische, sondern auch physiologische Ursachen als wirksam zu denken sind*). Es liegt ein eigener Zauber in diesen Wirkungen des objectiven Schönen, welche wir gerne auf irgend eine Weise mit dem Werthe des letzteren verbinden möchten, und indem der glückliche Zustand der Begeisterung und des Ergriffenseins als ein Ziel der Sehnsucht der Seele vorschwebt, mischt sich ganz heimlich die Begehrlichkeit in die ruhige Auffassung des reinen objectiven Schönen. Man könnte den Leuten, welche das Schöne als Ziel der Begierde hinstellen und dabei den objectiven Werth ruhig erfassen zu können glauben, wie Mephistopheles Fausten, zurufen, da er dem Kaiser die Helena heraufgezaubert:

So faßt euch doch und fallt nicht aus der Rolle!

Aber Faust, von der Macht des Eindrucks überwältigt, gibt dem vollen Strome nach, der ihn bezaubert:

Du bist's, der ich die Regung aller Kraft,
Den Inbegriff der Leidenschaft,
Dir Neigung, Lieb', Anbetung, Wahnsinn zolle.

Und wie er tobt und stürmt, das Bild zu besitzen,

---

*) Ein Beispiel für die Wirksamkeit der letzteren liefert uns Mozart, der, wenn er seine eigenen Compositionen anhörte, bisweilen vor Rührung weinen mußte, s. dessen Leben von L. Nohl p. 581.

ohne der warnenden Stimme zu achten, die seine Begierde bezähmen will, da ist es selbst verschwunden. Bei der Betrachtung der Kunstwerke kann uns ein ähnliches Schicksal treffen. Je mehr nämlich jener glückliche Zustand, der unter dem Einflusse des Eindruckes steht, den die lebendige Gegenwart eines Kunstwerkes auf unsere Sinne und unsere Phantasie macht und unser Gemüth gänzlich anfüllt, als ein Ziel unseres Wunsches und unserer Begierde auftritt, desto mehr kann das Bild der reinen Schönheit getrübt und unser Urtheil über den objectiven Werth befangen werden. Dazu kommt noch, daß es dem begeisterten und ergriffenen Gemüthe an Aufrichtigkeit gegen sich selber mangeln wird. Er wird wohl den Gesang der Sirenen vernehmen, aber nicht seine eigenen Begierden bemerken, und wenn er auch nicht auf falscher Fährte an Klippen zerschellen wird, so kann er sich doch auf Umwegen verirren. — Die Wurzeln für einen Gehalt werden wohl dadurch sehr mannigfach, aber die ursprüngliche Frage nach dem Grunde des ästhetischen Werthes ist damit verlassen. Daß diese Frage durch die Vischer'sche Einheit und deren Doppelgliederung in Form und Gehalt keine Lösung fand, sowie daß die Form in einem Sinne genommen wurde, welcher mehr für einen künstlichen Hegel'schen Gegensatz paßt, ist gezeigt worden. Es war also kein Wunder, wenn schließlich auf den Gehalt das Hauptgewicht fiel, als den letzten Anker, den man auswarf, um das Land der Schönheit zu erreichen. Wir können aber das, was man erreichte, nicht besser als durch Herbart's Worte mit etwas verändertem Texte*) bezeichnen: Der allgemeine

---

*) Vergl. VIII. p. 9.

Fehler der Gehalts = Aesthetiker liegt am Tage. Sie alle kennen nichts als den Gehalt und möchten ihn auf irgend eine Weise zu seinem eigenen Regulativ machen. Um dahin zu gelangen, mustern sie seine Gegenstände, versetzen in die ihm entsprechenden Gefühle, graben nach seinen Quellen und forschen ſnach seinen ersten und letzten Aeußerungen. Alles umsonst. Es ist immer nur Gehalt, aber keine Schönheit des Gehaltes, was erreicht wird.

Inhalt.

Verbesserungen.

S. 26, Z. 4 v. O. st. begriffen, lies: gegeben.
S. 156, Z. 1 v. U. st. 67 p. lies: p. 67.

Verlag von **Carl Gerold's Sohn** in Wien.

Die Welt,

angeschaut in ihren Gegensätzen: Geist und Natur.

Täglich eine Entgegnung auf die modernen Theorien vom „Geiste in der Natur."

Von Prof. Dr. **Wilh. Gärtner.**

gr. 8. br. Preis: 3 fl. 70 kr. ö. W.

Der Geist des Menschen

in seinen Verhältnissen zum physischen Leben,

oder:

Grundzüge zu einer Physiologie des Denkens.

Von **Ph. L. Hartmann.**

Zweite, vom Verfasser selbst vermehrte Auflage. gr. 8. br.
Preis: 2 fl. 60 kr. ö. W.

Aesthetische Studien

von F. Th. Bratranek.

gr. 8. br. Preis 1 fl. 50 kr. ö. W.

Anfangsgründe der Psychologie

für die nicht studirende Jugend und für ältere Freunde einer populären Lebensweise.

Nebst einer Einleitung in das Gesammtgebiet der Philosophie von gleichem Standpuncte.

Von **Ed. Silesius.**

gr. 8. br. Preis: 2 fl. ö. W.